Duden

Übungsheft Lesen

von Andrea Wimmer
mit Illustrationen von Stefan Leuchtenberg

Dudenverlag
Berlin

Vorwort

Liebe Kinder, liebe Eltern,

darf ich mich vorstellen? Mein Name ist Konrad und meine Katze heißt Mia. Ich lese und schreibe für mein Leben gern und möchte meine Leidenschaft gern mit euch teilen.

Ich habe gemerkt, dass man in der Schule viele Dinge lernt, aber manchmal die Zeit fehlt, um das Gelernte zu üben. Ist das bei euch auch so?

Zusammen mit meiner Freundin Frieda und meinem Freund Alex habe ich einen spitzenmäßigen Trainingsplan aufgestellt, der immer nach dem gleichen Prinzip funktioniert – in vier Trainingseinheiten:

Aufwärmen mit Mia

Hier gliederst du Wörter in Silben und Signalgruppen. Außerdem übst du genaues und überfliegendes Lesen. So trainierst du deine Lesefertigkeit.

Taktik mit Konrad

Hier geht es darum, unterschiedliche Texte zu erschließen – Sachtexte, Erlebniserzählungen und Fantasiegeschichten. Dabei helfen dir verschiedene Strategien.

Ausdauertraining mit Frieda

Hier kannst du Schritt für Schritt herausfinden, wie genau du einen Text gelesen hast und wie gut du ihn verstanden hast. Zum Schluss gibt es immer ein Rätsel zu lösen.

Nachspielzeit mit Alex

Hier bekommen alle, die noch mehr üben möchten, eine Extraportion Aufgaben. Wenn du auch diese Aufgaben lösen kannst, bist du ein echter Profi.

In den **vier Trainingseinheiten** gibt es jede Menge Übungen für dich, die du nach Lust und Laune bearbeiten kannst. Die Schrittfolge ist dabei eigentlich immer gleich:

1. Lies die Aufgabe gründlich und versuche sie zu lösen.
2. Male dem **Smiley** an der Seite ein Gesicht – je nachdem, ob die Übung für dich leicht ☺, mittelschwer 😐 oder schwierig ☹ war. Die Nachspielzeit hat ausnahmsweise keine Smileys, weil es sich dabei um Zusatzaufgaben handelt.
3. Vergleiche deine Ergebnisse mit den **Lösungen im Mittelteil**.

Jede der vier Trainingseinheiten hat ihre eigene **Lernerfolgskarte**, damit du den Überblick behältst. Klebe hierfür die **Sticker** auf die Felder mit der Seitenzahl, sobald du damit fertig bist.

Ausdauertraining mit Frieda

1. Vorwissen nutzen
10 11 12
2. Gezielt lesen
18 19 20 21 22
3. Handlungsschritte herausfinden
28 29 30 31 32
4. Stichwörter notieren
38 39 40 41 42
5. Texte vergleichen
48 49 50
6. Das passende Buch auswählen
57 58 59 60
7. Zu einem Thema recherchieren
66 67 68 69 70
8. Eine eigene Meinung bilden
76 77 78 79

← Sticker auf die Seitenzahl

Auf der Rückseite der Karte zur Nachspielzeit findest du im unteren Teil die Stickerfelder für das **Intensivtraining**. Das ist ein zusätzlicher Übungsteil am Ende des Heftes, in dem die wichtigsten Themen wiederholt werden, um dich superfit in die nächste Klassenstufe zu schicken.

Viel Spaß und Erfolg beim Üben!

Dein Konrad

Inhaltsverzeichnis

Vorwissen nutzen

1 Kannst du die Silbenbögen zeichnen?

KAMINKEHRER MITTELALTER BRENNSTOFFE
SCHORNSTEINFEGER SCHADSTOFFZAHLEN
MESSGERÄTE ARBEITSKLEIDUNG KEHRLEINE

2 Findest du die richtigen Sätze?

- ☐ Der Kamiknehrer hat eine schwarze Arbeitskleidung.
- ☐ Der Kaminkehrer hat eine schwarze Arbeitskleidung.

- ☐ Holz, Kohle, Gas und Öl sind Brennstoffe.
- ☐ Holz, Kohle, Gas und Öl sind Bernstoffe.

- ☐ Um Wärme zu gewinnen, müssen sie verbannt werden.
- ☐ Um Wärme zu gewinnen, müssen sie verbrannt werden.

- ☐ Manchmal muss die Heizung neu eingesellt werden.
- ☐ Manchmal muss die Heizung neu eingestellt werden.

3 **Erkennst du die Buchstabengruppen, die gleich bleiben? Suche dir eine Farbe aus, um sie zu markieren.**

Ehre	Gang	bündeln	Laub	Weizen
ehrlich	fangen	Hündin	sauber	geizig
kehren	Abhang	anzünden	Traube	Heizung

4 **Bist du ein guter Wörter-Entdecker?**

Um die Wörter zu entdecken, lässt du deine Augen über den Text wandern, ohne genau zu lesen.

Wie oft kommen die Wörter Kamin, Kaminkehrer, Schornsteinfeger und Kehrleine vor?

Kaminkehrer Kehrleine Schornsteinfeger Kaminkehrer
Kehrleine Schornsteinfeger Kamin Kaminkehrer Kehrleine
Schornsteinfeger Kehrleine Kaminkehrer Schornsteinfeger
Kamin Schornsteinfeger Kaminkehrer Kehrleine Kamin
Kehrleine Kamin Kehrleine Schornsteinfeger Kaminkehrer
Kaminkehrer Schornsteinfeger Kehrleine Schornsteinfeger
Kehrleine Kaminkehrer Schornsteinfeger Kehrleine Kamin

Kamin ___ Kaminkehrer ___

Schornsteinfeger ___ Kehrleine ___

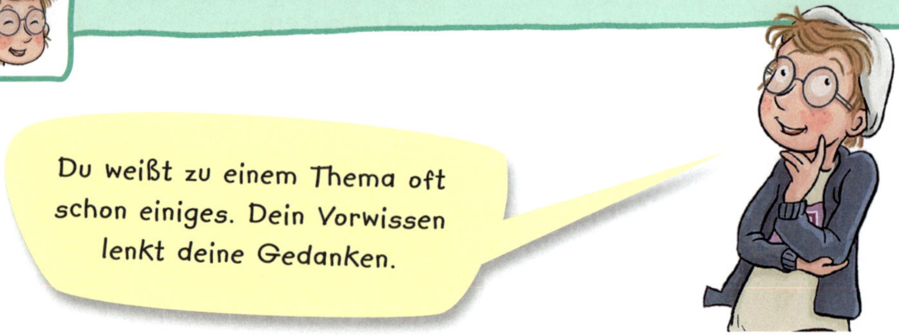

1 Der Text hat die Überschrift „Kaminkehrer“. Was weißt du schon über Kaminkehrer?

Kaminkehrer

Der Kaminkehrer wird auch Schornsteinfeger, Kaminfeger oder Rauchfangkehrer genannt. Kaminkehrer gibt es seit dem Mittelalter, als die Menschen nur mit Holz heizen konnten. Durch das Verbrennen des Holzes blieb viel Ruß in den Kaminen hängen. Der Ruß entzündete sich leicht und es bestand immer die Gefahr, dass ein Haus abbrennt. Deshalb kam der Kaminkehrer regelmäßig, stieg mit seiner Leiter auf das Hausdach und kehrte vom Dach aus den Kamin innen sauber. Dafür verwendete er eine Kehrleine mit einem Besen daran. Hierbei wurden die Kaminkehrer immer vom Ruß schwarz.

In unserer Zeit wird meistens mit den Brennstoffen Gas und Öl geheizt. In manchen Häusern gibt es moderne Kachelöfen, die mit Holz beheizt werden. Deren Wärme reicht aber meistens nicht aus, um alle Räume zu heizen. Auch die Brennstoffe Gas und Öl müssen verbrannt werden, um Wärme zu erzeugen. Beim Verbrennen entstehen Abgase, die durch den Kamin abziehen. Zu den Aufgaben des Kaminkehrers heutzutage gehört die Überprüfung des Schadstoffausstoßes. Hierfür hat er elektronische Prüf- und Messgeräte dabei. Wenn die erlaubten Schadstoffzahlen überschritten sind, muss die Heizung neu eingestellt werden. Die schwarze Arbeitskleidung der Kaminkehrer ist geblieben.

2 Welche Informationen über den Kaminkehrer waren neu für dich? Markiere sie farbig im Text.

3 Welche Informationen haben dich am meisten interessiert?

___

___

___

1 Kannst du die Fragen zum Text „Kaminkehrer“ beantworten?

Seit wann gibt es Kaminkehrer?

Was war damals die Aufgabe der Kaminkehrer?

Warum bestand früher die Gefahr, dass Häuser abbrennen?

Welche Brennstoffe werden genannt?

2 Findest du den Weg des Kaminkehrers durch die Stadt?

Er startet an der Eulenstraße 4 und biegt in die Marsstraße Richtung Süden ab. In der Einsteinstraße misst er bei allen drei Häusern den Schadstoffausstoß. Danach fährt er an dem Gebäude vorbei, in dem der Bürgermeister arbeitet. Anschließend biegt er in die Sonnenstraße ab, um in der alten Villa den Kamin des Kachelofens zu überprüfen. Danach biegt er Richtung Norden in die Rheinstraße ab und dann westlich in die Straße, die am Kindergarten vorbeiführt. Die Kinder im Sandkasten winken ihm zu. Er fährt durch den Park und am Krankenhaus vorbei zu den Reihenhäusern an der Bäckerstraße und parkt vor dem mittleren Haus. Nachdem er dort seine Arbeit erledigt hat, fährt er auf dem kürzesten Weg zur Bücherei. Hier endet seine Tour.

a) Zeichne den Weg in den Stadtplan ein.

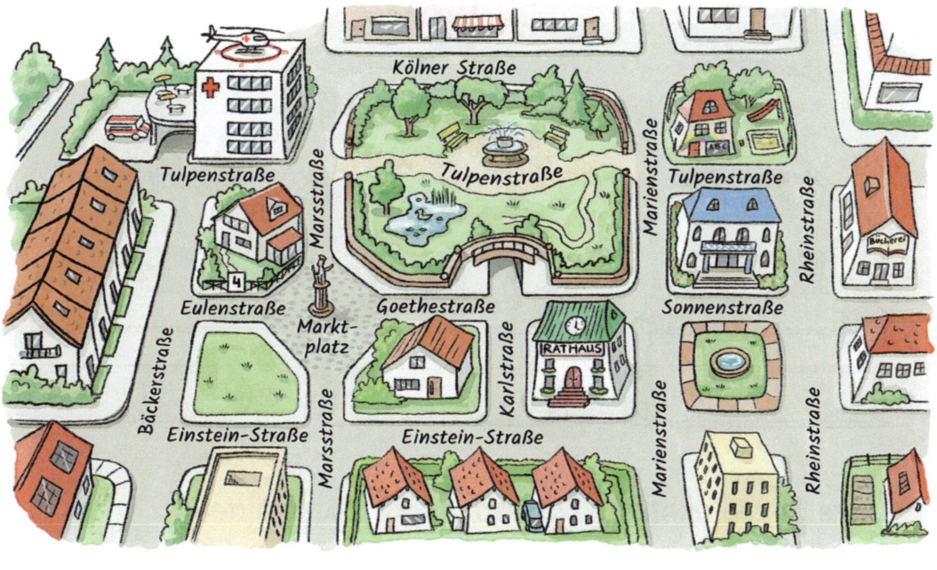

b) Welcher Satz ist für die Wegbeschreibung unwichtig? Streiche ihn durch.

3 Kannst du das Rätsel lösen?

Drei Schornsteinfeger fahren nach Hause. Wer wohnt in welchem Haus? Verbinde.

Ein Schornsteinfeger heißt Markus Meier.
Milo Horvat steht rechts. Er wohnt in einem Haus mit zwei Fenstern.
Auch der Schornsteinfeger in der Mitte wohnt in einem Haus mit zwei Fenstern.
Aus dem Schornstein seines Hauses steigt Rauch.
Das Haus mit dem einen Fenster gehört David Schmid.

Schreibe die richtigen Namen auf die Türschilder.

1 Ist Kinderarbeit erlaubt? Was weißt du schon darüber?

2 Lies nun den Text.

In Deutschland gibt es das Jugendarbeitsschutzgesetz. In ihm ist genau festgelegt, ab welchem Alter und wie viel Kinder und Jugendliche unter 18 Jahren arbeiten dürfen. Darin steht auch, welche Arbeiten Kinder übernehmen dürfen. Die Aufsichtsbehörde kontrolliert, ob sich alle an dieses Gesetz halten.

Nicht in allen Ländern der Welt gibt es solche Gesetze, in anderen werden sie nicht eingehalten und niemand kontrolliert dies. In manchen Ländern müssen sogar Kinder unter zehn Jahren den ganzen Tag in Fabriken arbeiten.

Diese Kinder müssen geschützt werden, sodass sie sich gesund und gut entwickeln können. Sie sollten die Schule besuchen dürfen, damit sie lesen, schreiben und rechnen lernen und später einen richtigen Beruf erlernen können.

3 Diese Informationen waren für mich neu:

Gezielt lesen

1 Kannst du die Silbenbögen zeichnen?

WASSERMASSEN AUTOBAHNANSCHLUSSSTELLE

VERBINDUNGSSTRAßE JUGENDZELTLAGER

WOHNWAGENANHÄNGER SPÄTNACHMITTAGS

2 Findest du die richtigen Sätze?

☐ Bei einem Gewitter blitzt und donnert es.
☐ Bei einem Gewitter blitzt und dannert es.

☐ Ein Regenbogen entsteht bei Regen mit Sonnenstein.
☐ Ein Regenbogen entsteht bei Regen mit Sonnenschein.

☐ Es gibt in Deutschland immer öfter starke Strüme.
☐ Es gibt in Deutschland immer öfter starke Stürme.

☐ Bei Überschwemmungen werden Straßen gesperrt.
☐ Bei Überschwemmungen werden Starßen gesperrt.

3 **Erkennst du die Buchstabengruppen, die gleich bleiben? Suche dir eine Farbe aus, um sie zu markieren.**

Mitte	Brücke	Dächer	wild	danach
mittags	bücken	lächeln	Schilder	Nacht
bitten	Lücke	Wächter	bilden	Nachbar

4 **Bist du ein guter Wörter-Entdecker?**

Wie oft kommen die Wörter **Luft** und **Wolken** im Text vor?

Gewitter gibt es meist an warmen Sommertagen. Heiße Luft steigt hoch in den Himmel. Dort trifft die heiße Luft auf kalte Wolken. In den Wolken haben sich viele Wassertropfen angesammelt. Wenn die heiße Luft mit Schwung auf die Wassertropfen trifft, werden sie durcheinandergewirbelt. Die Tropfen stoßen aneinander und reiben sich so stark, dass die Wolken dabei elektrisch aufgeladen werden. Dann beginnt es zu funken und es blitzt. Der Blitz löst den Donner aus, der danach kommt. Wenn der heiße Blitz über den Himmel zuckt, erhitzt er die Luft. Die heiße Luft dehnt sich mit gewaltiger Kraft aus und es donnert.

Luft ______ **Wolken** ______

Unwetter über Hausen

Am Freitag gab es spätnachmittags ein schweres Unwetter mit Sturm, Gewitter und heftigem Regen. Über Hausen fielen von 17.30 bis 18.50 Uhr etwa 40 Liter Regen pro Quadratmeter. 180 Blitze wurden registriert. Der Sturm deckte bei acht Häusern die Dächer ab. Zahlreiche Bäume wurden entwurzelt und fielen um, sodass sie teilweise Straßen versperrten und Fahrzeuge beschädigten. Durch herabfallende Äste wurden drei Personen leicht verletzt. Der Mühlweiher trat über die Ufer, überspülte die Weststraße und ließ Schlamm und Geröll zurück. Viele Keller liefen voll Wasser. Die Feuerwehr war im Dauereinsatz. Die Verbindungsstraße von Hausen nach Heroldsbach war wegen Überflutung gesperrt. Erst nach einigen Stunden hatte die Feuerwehr die Wassermassen auf die benachbarten Felder gepumpt und die Fahrbahn gereinigt. An der Autobahnanschlussstelle der A73 Baiersdorf-Nord wurde auf der Brücke ein Wohnwagenanhänger von einer Sturmbö erfasst und umgeworfen, sodass beide Fahrbahnen blockiert waren. Es bildete sich auf der Autobahn A73 ein Rückstau von 20 Kilometern Länge. Wegen der starken Regenfälle musste das Jugendzeltlager des Sportvereins auf dem Gelände des Sportplatzes abgebrochen werden.

1 **Findest du die richtigen Textstellen? Nimm für jede W-Frage eine andere Farbe und markiere die Antwort im Text.**

Wer war im Dauereinsatz?

Wann gab es ein schweres Unwetter?

Wo entstand ein Rückstau?

Was geschah mit dem Jugendzeltlager?

Warum konnte niemand von Hausen nach Heroldsbach fahren?

Wohin hat die Feuerwehr die Wassermassen gepumpt?

2 **Welche W-Fragen fallen dir zum Text ein?**

Meine W-Fragen:

____

____

____

____

____

____

____

____

____

1 Kannst du die Fragen zum Text „Unwetter über Hausen“ beantworten? Gib an, in welchen Zeilen die Antwort steht.

Was geschah mit drei Personen?

Zeile/n: ___

Welches Problem gab es bei der Weststraße?

Zeile/n: ___

Was erfährst du über die Schäden an Häusern und Fahrzeugen?

Zeile/n: ___

2 **Welche Wörter könntest du anstelle der unterstrichenen Wörter verwenden?**

180 Blitze wurden registriert. (Zeile 4)

- ☐ übersehen
- ☐ festgestellt
- ☐ fotografiert

Erst nach einigen Stunden hatte die Feuerwehr die Fahrbahn gereinigt. (Zeilen 13–15)

- ☐ aufgeräumt
- ☐ abgepumpt
- ☐ gesäubert

Das Jugendzeltlager auf dem Gelände des Sportplatzes musste abgebrochen werden. (Zeilen 21, 22)

- ☐ im Bereich
- ☐ in dem Gebäude
- ☐ in der Nähe

3 **Verbinde die Satzteile passend zum Lesetext.**

waren zwei Fahrbahnen gesperrt.

fielen zahlreiche Bäume um.

Durch den heftigen Regen

liefen viele Keller voll Wasser.

Wegen des Sturms

Wegen eines umgekippten Wohnwagenanhängers

4 Welche Sätze kommen im Text auf Seite 16 vor?
Kreise sie ein und gib die Zeilen an.

Am Freitag gab es spätnachmittags ein schweres Unwetter mit Sturm, Gewitter und heftigem Regen.

Am Freitag gab es spätnachmittags ein schweres Unwetter mit Sturm, Gewitter und starkem Regen.

Zeile/n ______________

Zahlreiche Bäume wurden entwurzelt und fielen um, sodass sie einige Straßen versperrten und Fahrzeuge beschädigten.

Zahlreiche Bäume wurden entwurzelt und fielen um, sodass sie teilweise Straßen versperrten und Fahrzeuge beschädigten.

Zeile/n ______________

Der Mühlweiher trat über die Ufer, überspülte die Weststraße und ließ Schlamm und Geröll zurück.

Der Mühlweiher trat über die Ufer, überspülte die Weststraße und ließ Schlamm und Gestrüpp zurück.

Zeile/n ______________

5 Welche Wörter stimmen? Streiche die Wörter durch, die nicht im Text auf Seite 16 stehen. Gib an, wo der Satz steht.

Über Hausen fielen von 17.30 bis 18.50 Uhr etwa 40 Liter Regen/Regenwasser pro Quadratmeter.

Zeile/n ____________

Der Sturm deckte bei acht/zehn Häusern die Dächer ab.

Zeile/n ____________

Durch herabfallende Zweige/Äste wurden drei Personen leicht verletzt.

Zeile/n ____________

Die Verbindungsstraße von Hausen nach Heroldsbach war wegen Überschwemmung/ Überflutung gesperrt.

Zeile/n ____________

6 Welche Sätze könnten auch in dem Text auf Seite 16 stehen?

- ☐ Die Kinder machten auf dem Sportplatz Wasserspiele.
- ☐ Die Kinder und Jugendlichen wurden in der Turnhalle untergebracht.
- ☐ Es entstanden Sachschäden von mehreren Hunderttausend Euro.
- ☐ Friedas Oma hat sich sehr aufgeregt.

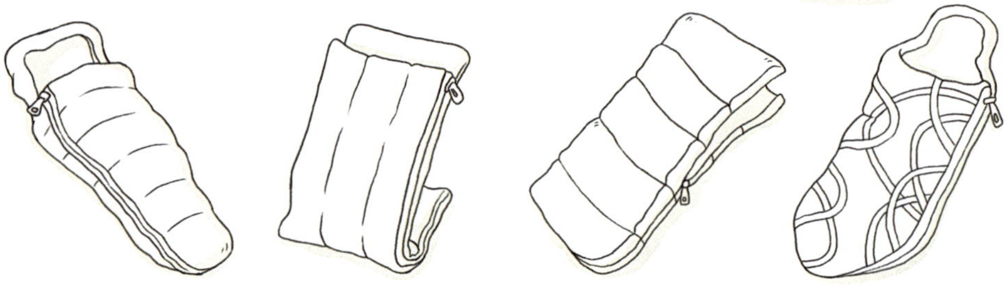

7 Kannst du das Rätsel lösen?

Die Kinder im Zeltlager packen schnell ihre Sachen zusammen. Welchem Kind gehört welcher Schlafsack?

Dem Kind mit dem gestreiften T-Shirt gehört ein Schlafsack mit Kapuze. Sein Schlafsack ist gelb.
Der Schlafsack, der dem Kind mit der Brille gehört, hat keine Kapuze und einen gelben Reißverschluss. Sein Schlafsack liegt neben dem gemusterten Schlafsack.
Zu dem roten Schlafsack mit Kapuze gehört das Kind mit den Außentaschen an seiner Hose.
Der gemusterte Schlafsack hat einen grünen Reißverschluss.
Der Reißverschluss des roten Schlafsacks ist blau.
Dem Kind mit dem Kreissymbol gehört kein Schlafsack mit Kapuze. Sein Schlafsack ist blau mit rotem Reißverschluss.
Der Schlafsack mit dem gelben Reißverschluss ist grün.

1 **Nach dem Unwetter erstellt die Gemeinde Hausen eine Übersicht mit Stichpunkten. Kannst du die Tabelle mithilfe des Textes auf Seite 16 passend füllen?**

Ursache	Auswirkungen
Sturm	→
	→
	→
	→
	→
	→
Regen	→
	→
	→
	→
	→
	→

Handlungsschritte herausfinden

1 Kannst du die Silbenbögen zeichnen?

KÖNIGSSCHATZ BRÜCKENSTEINE

BODENHÖHE FELSVORSPRÜNGE

SCHWANZSPITZE GOLDSTÜCKE

2 Findest du die richtigen Sätze?

- ☐ In Fantaseigeschichten kommen Wesen vor, die es in Wirklichkeit nicht gibt.
- ☐ In Fantasiegeschichten kommen Wesen vor, die es in Wirklichkeit nicht gibt.

- ☐ Sie erleben oft spannende oder lustige Abenteuer.
- ☐ Sie erleben oft spannende oder lustige Abendsteuer.

- ☐ Viele dieser Fantasiewesen haben Zauberkräftig.
- ☐ Viele dieser Fantasiewesen haben Zauberkräfte.

- ☐ Meistens siegen am Ende die Guten über die Böden.
- ☐ Meistens siegen am Ende die Guten über die Bösen.

3 **Erkennst du die Buchstabengruppen, die gleich bleiben? Suche dir eine Farbe aus, um sie zu markieren.**

bleich	Zaun	hinten	Flamme	Socke
leicht	Laune	Winter	Klammer	locker
schleichen	staunen	Tinte	jammern	trocken

4 **Bist du ein guter Wörter-Entdecker?**

Wie oft kommen die Wörter Fee, Prinz und Frosch im Text vor?

Es war einmal eine Fee, die trank sehr gerne Käfertee.
Sie saß in ihrer Küche und probierte Zaubersprüche.
Die Fee konnte sich die Sprüche nie merken,
das gehörte nicht zu ihren Stärken.
Die kleine vergessliche Fee verwandelte
ihren Frosch in ein Reh.
Er sollte eigentlich ein schöner Prinz werden,
mit großem Reich und prächtigen Pferden.
Die Fee hatte die Wörter durcheinandergebracht. Das Reh rief:
„Beim zweiten Mal gib aber acht!“
Also versuchte sie es noch einmal. Da klappte es: Ein Prinz
stand im Königssaal.
Doch irgendetwas stimmte wieder nicht – der Prinz war wie der
Frosch ganz grün im Gesicht.

Fee ______ Prinz ______ Frosch ______

Auf der Suche nach dem gestohlenen Königsschatz

Endlich sah Moro die dunkle Höhle, in der ein furchtbarer Drache den gestohlenen Königsschatz bewachte. Moro sollte den Schatz dem König zurückbringen. Doch nun wurde er bleich, denn vor ihm klaffte ein Abgrund, über den eine bröckelige Steinbrücke führte. Vorsichtig setzte er einen Fuß auf den ersten Stein, da gab dieser nach und fiel in die Tiefe. Rasch zog Moro seinen Fuß zurück. Wie sollte er nur auf die andere Seite gelangen? Plötzlich entdeckte er auf den Brückensteinen seltsame Zeichen, die er schon einmal gesehen hatte. Er betrachtete sein magisches Armband, das rundherum verziert war. Das erste Zeichen auf dem Armband war auf dem dritten Brückenstein zu sehen. Moro holte einmal tief Luft und sprang auf den Stein. – Er hielt. So ging es weiter von Stein zu Stein, bis er die andere Seite erreicht hatte. Aber das Schlimmste stand ihm noch bevor: der Drache. Als Moro die Höhle betrat, konnte er gerade noch einer Flamme ausweichen, die in Bodenhöhe auf ihn zuschoss. Er kletterte flink die Felswand hoch und staunte. Vor ihm lag ein riesiger schlafender Drache. Immer wenn er ausatmete, schnaubte er eine Flamme. Moro hangelte sich an den Felsvorsprüngen entlang und kletterte hinter dem Drachen herunter. Wo war der Schatz? Beim nächsten Feuerschnauben zuckte der Drache mit dem Schwanz. Da entdeckte Moro einen Beutel an der Schwanzspitze, durch dessen Stoff es funkelte. Vorsichtig nahm er den Beutel und kletterte schnell zurück. Als er wieder auf den Boden sprang, löste sich ein lockerer Felsbrocken und polterte gegen die Schnauze des Drachen. Moro rannte, so schnell er konnte, zum Ausgang der Höhle. Hinter ihm brüllte und stampfte der Drache. Er verfolgte ihn und kam immer

näher. Verzweifelt hechtete Moro von Stein zu Stein über den Abgrund, da hörte er hinter sich ein gewaltiges Getöse. Die Brückensteine, auf die der Drache getreten war, krachten in die Tiefe und mit ihnen der Drache. Das war knapp!

Moro ließ sich auf den Boden fallen, leerte den Beutel aus und warf glücklich die Goldstücke und Edelsteine in die Höhe.

1 Kannst du die Geschichte in Abschnitte einteilen, die zu den Handlungsschritten passen? Markiere den jeweiligen Abschnitt in der Farbe der Überschrift.

Moro sucht nach dem Schatz

Ein gefährlicher Abgrund

Moro gelingt die Flucht

Die Drachenhöhle

Achte darauf, an welchen Stellen etwas Neues geschieht. Hier beginnt ein neuer Handlungsschritt.

2 Welche Schlüsselwörter helfen dir, die Handlungsschritte der Reihe nach zu erzählen? Kreise sie in jedem Abschnitt ein.

Handlungsschritte herausfinden

1 **Kannst du die Fragen zum Text „Auf der Suche nach dem gestohlenen Königsschatz“ beantworten?**

Woraus besteht der gestohlene Königsschatz?

Wo befindet sich der Schatz?

Was ist der Trick des magischen Armbands?

Warum wacht der Drache auf?

2 Richtig (r), falsch (f) oder nicht im Text enthalten (n)?

	r	f	n
Der Drache ist Moros Freund.	☐	☐	☐
Wenn Moro den Schatz zurückbringt, darf er die Königstochter heiraten.	☐	☐	☐
Moro ist mutig.	☐	☐	☐
Die Brücke besteht aus zwanzig Steinen.	☐	☐	☐
Nur bestimmte Brückensteine halten.	☐	☐	☐
In der Drachenhöhle ist es dunkel.	☐	☐	☐
Der Drache hustet Flammen.	☐	☐	☐
Der Drache stürzt in den Abgrund.	☐	☐	☐
Moro hat Kraft.	☐	☐	☐
Im Königreich sind jetzt alle Drachen tot.	☐	☐	☐
Moro liegt glücklich auf dem Boden und singt.	☐	☐	☐

3 Entdeckst du in der Kurzfassung der Geschichte die fünf inhaltlichen Fehler? Streiche die Stellen durch und schreibe sie korrigiert daneben.

Als Moro unterwegs war, um den
Königsschatz zurückzuholen,
musste er über einen Abgrund
mit einer Hängebrücke. In der
Drachenhöhle schlief der Drache
und schnaubte eine Flamme,
immer wenn er schnarchte. Moro
fand den Schatz an einer
Drachenkralle. Der Drache wachte
auf, weil ihm ein Felsbrocken auf
den Kopf polterte, und er verfolgte
Moro. Moro konnte gerade noch
entkommen und der Drache
flog ihm hinterher.

4 Um welche Textsorte handelt es sich bei dem Text auf Seite 26/27?

☐ Der Text ist ein Bericht über einen Drachen.
☐ Der Text ist eine Fantasiegeschichte mit einem Drachen.
☐ Der Text ist ein Sachtext über Drachen.
☐ Der Text ist ein Drachenmärchen.

5 **Welche Überschrift würde auch zu dem Text auf Seite 26/27 passen? Kreise sie ein.**

Auf dem Weg zur Drachenhöhle

Moros gefährliches Abenteuer

Ein geheimnisvolles Armband

6 **Was gehört zusammen? Markiere es in derselben Farbe.**

brüllen

Flamme

Armband

schlafen

Drache

stampfen

Moro

springen

klettern

glücklich

verfolgen

Schwanzspitze

7 Kannst du das Rätsel lösen?

Der kleinste Drache heißt Lilliput.
Der Kopf und der Schwanz eines Drachen sind grün.
Der linke Drache hat einen blauen Kopf und einen roten Körper.
Der größte Drache heißt Obsidian. Sein Kopf und Schwanz sind rot.
Lilliput hat einen gelben Kopf und einen lila Schwanz.
Der Drache mit dem grünen Kopf heißt Verduro.
Am roten Körper des Drachen Arimelda befindet sich ein blauer Schwanz.
Der Drache mit dem roten Schwanz hat einen blauen Körper.
Der Drache mit dem gelben Kopf besitzt einen grünen Körper.
Verduro hat einen blauen Körper.

Schreibe ihre Namen darunter.

Die List der kleinen Maus

☐ „Ich weiß, wie man die Katze überlisten kann“, fuhr die Maus stolz fort. „Wie denn?“, fragten die Mäuse. „Mit diesem Glöckchen“, antwortete das Mäuschen und zeigte ihnen eine neue glänzende Glocke. „Sobald die Katze schläft, hängen wir sie ihr um den Hals. Auf diese Weise können wir die Katze hören, bevor sie nach uns schnappt.“ „Bravo, bravo!“, riefen die Mäuse. Das Mäuschen verbeugte sich und lächelte.

☐ „Noch eine Frage“, meldete sich die Großmutter mit schwacher Stimme. „Wer soll denn der Katze das Glöckchen um den Hals hängen?“ „Natürlich ein Freiwilliger“, antwortete das Mäuschen. „Und wer meldet sich freiwillig?“, fragte die Großmutter. Einer blickte den anderen an. Niemand meldete sich. Darum fangen die Katzen auch heute noch die Mäuse.

☐ Ein Mäuschen, das es leid war, ständig von der Katze gejagt zu werden, hatte einen Einfall. Es rief die ganze Familie zusammen und sagte: „Wir müssen uns ein für alle Mal vor der Katze schützen.“ „Ja, ja!“, riefen die Mäuse.

nach Äsop

1 Findest du die richtige Reihenfolge der Handlungsschritte heraus? Nummeriere von 1 bis 3.

2 Welche Abschnitte passen zu diesen Überschriften?

Es klappt nicht → Abschnitt ___

Eine geniale Idee → Abschnitt ___

Das Leid der Mäuse → Abschnitt ___

Stichwörter notieren

1 Kannst du die Silbenbögen zeichnen?

ERNÄHRUNGSBERATER ESSENSREGELN

FAHRRADFAHREN GUMMIBÄRCHEN

SÄTTIGUNGSGEFÜHL VOLLKORNPRODUKTE

2 Findest du die richtigen Sätze?

- ☐ Zu viel Zucker ist ungesund.
- ☐ Zu viel Zucker ist unsegund.

- ☐ Bewegung und Sprot sind wichtig für den Körper.
- ☐ Bewegung und Sport sind wichtig für den Körper.

- ☐ Bei Übergewicht leidet der ganze Kochanbau.
- ☐ Bei Übergewicht leidet der ganze Knochenbau.

- ☐ Wenn du zu Fuß zur Schule gehst, hast du schon morgens Begehung und frische Luft.
- ☐ Wenn du zu Fuß zur Schule gehst, hast du schon morgens Bewegung und frische Luft.

3 **Erkennst du die Buchstabengruppen, die gleich bleiben? Suche dir eine Farbe aus, um sie zu markieren.**

Tasche	offen	Lehm	hohl	Pate
naschen	Stoffe	nehmen	obwohl	Berater
rascher	Kartoffel	angenehm	Kohle	braten

4 **Bist du ein guter Wörter-Entdecker?**

Wie oft kommt das Wort **Nervenzellen** im Text vor?
Wie oft kommt das Wort **Reize** im Text vor?

Lass einfach die Augen über den Text wandern, ohne genau zu lesen.

Im Körper eines Babys befinden sich über 100 Milliarden Nervenzellen. Die Nervenzellen funktionieren jedoch in späteren Jahren erst dann, wenn sie miteinander verbunden werden. Nervenverbindungen entstehen durch äußere Reize, die du mit deinen Sinnesorganen aufnimmst – mit Ohren, Augen, Nase, Zunge und Haut. Die Reize werden durch die Nervenbahnen in dein Gehirn geleitet. Wenn du dich bewegst, nimmst du viele Reize auf. Bewegung fördert den Aufbau von Verbindungen zwischen den Nervenzellen. Viel Bewegung schärft die Sinne und du kannst dich besser konzentrieren.

Nervenzellen ____ **Reize** ____

Ernährung – bitte sinnvoll

Welches Ergebnis erhältst du, wenn du zwei Stunden Fernsehen, eine Tüte Chips, einen Schokoriegel, ein Glas Cola und ein paar Handvoll Gummibärchen zusammenzählst?

Ganz einfach: Keine Bewegung – aber mehr Zucker und Fett, als dein Körper braucht.

Damit der Körper diese Stoffe wieder abbauen kann, müsstest du mehrere Stunden Skaten, Joggen oder Fahrradfahren.

Die Ernährungsberater wissen, warum es so schwierig ist, auf das Naschen oder Knabbern zu verzichten: Man ist von sich selbst enttäuscht, wenn man sich strenge Essensregeln vornimmt und es dann nicht schafft, sie einzuhalten. Vor lauter Frust isst man dann noch mehr.

Einmal angenommen, du entscheidest für dich: „Ab morgen esse ich überhaupt keine Schokoriegel, Gummibärchen und Chips mehr!“ Wenn du dann doch Lust darauf hast, dich nicht zurückhalten kannst und ein bisschen naschst, ist es schon zu spät. Du ärgerst dich dann so sehr über dich selbst, dass du dir denkst: „Jetzt ist es sowieso egal!“ – und du isst die ganze Tüte leer.

Das ist oft ein Grund, warum viele Menschen mit ihrem Gewicht zu kämpfen haben, obwohl sie eigentlich abnehmen wollten. Statt strenger Verbote solltest du dir lieber eine kleine Menge Gummibärchen, Chips oder Schokolade in der Woche gönnen.

Die Ernährungsberater erklären: Wenn du ständig nebenbei isst, geht dir irgendwann dein natürliches Sättigungsgefühl verloren. Du brauchst aber angemessene Portionen auf dem Teller, um richtig gut satt zu werden. Deshalb sind regelmäßige Mahlzeiten wichtig: Frühstück, Mittag- und Abendessen – und zwei Zwischenmahlzeiten aus Obst, Gemüse oder Vollkornprodukten.

1 **Stell dir vor, du bist Ernährungsberater. Du hältst vor deiner Klasse einen Vortrag über sinnvolle Ernährung. Markiere im Text Stellen, die für deinen Vortrag wichtig sind.**

2 **Notiere dir zu den markierten Stellen Stichwörter als Merkhilfe.**

1 **Kannst du die Fragen zum Text „Ernährung – bitte sinnvoll“ beantworten?**

Von welchen Stoffen nimmst du zu, wenn dein Körper mehr von ihnen bekommt, als er braucht?

Was ist für dein natürliches Sättigungsgefühl wichtig?

Eine Mitschülerin isst tagsüber viel zu viel Schokolade und Kekse. Sie kann einfach nicht Nein dazu sagen. Deshalb hat sie Übergewicht und sagt zu dir: „Ab morgen esse ich überhaupt keine Süßigkeiten mehr.“

Sag deiner Mitschülerin mit Begründung, was du davon hältst, und gib ihr einen Tipp.

2 Was ist gemeint? Schaffst du es, die unterstrichenen Wörter durch passende Wörter aus dem Text links zu ersetzen?

In jedem Körper gibt es das Insulin. Es ist dafür da, dass der Zucker in deine Körperzellen kommt. Wenn du Hunger hast und dann Süßigkeiten isst, kommt rasch viel Zucker dorthin. Leider ist er auch schnell wieder verbraucht und du hast gleich wieder Hunger. Wenn du jetzt nochmal etwas isst, landet mehr Zucker in den Zellen, als sie brauchen. Mit der Zeit entstehen Fettpölsterchen und du bekommst Übergewicht. Um das zu vermeiden, ist es besser, du nimmst gesunde Nahrung zu dir, wenn du Hunger hast.

Es – ______________________

dorthin – ______________________

er – ______________________

sie – ______________________

das – ______________________

Die Viertklässler der Hecken-Grundschule wurden gefragt, welche Sportarten außer Fußball sie am liebsten mögen. Das Ergebnis siehst du im Balkendiagramm.

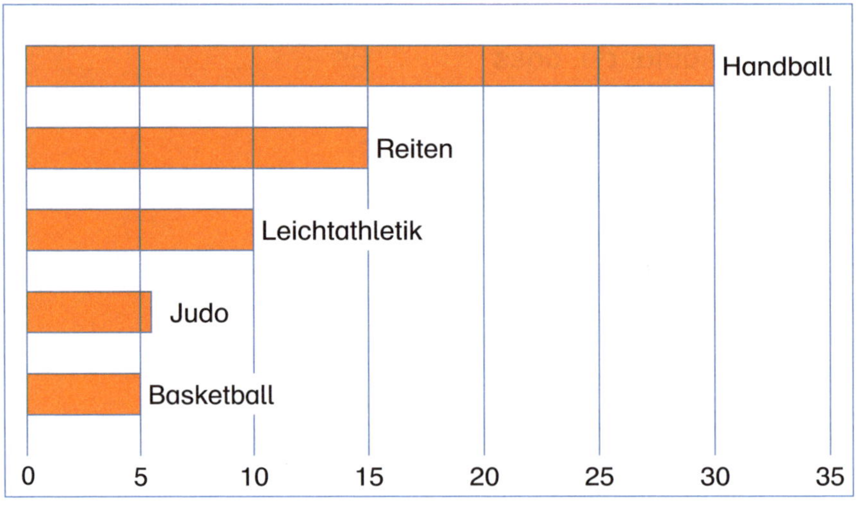

3 **Wie viele Viertklässler wurden insgesamt befragt?**

Es wurden ______ Kinder befragt.

4 **Trage mithilfe des Schaubilds ein, ob die Aussagen richtig (r), falsch (f) oder nicht ablesbar (?) sind.**

Fast die Hälfte der Kinder spielt am liebsten Handball. ☐

Leichtathletik ist doppelt so beliebt wie Basketball. ☐

Die meisten Mädchen reiten am liebsten. ☐

Judo ist beliebter als Basketball und Leichtathletik. ☐

Fußball mögen alle Kinder am liebsten. ☐

An der Watzmann-Grundschule wurde die Umfrage mit derselben Anzahl Viertklässler gemacht. Im Säulendiagramm siehst du die Ergebnisse beider Schulen.

5 **Welche Schule gehört zu welcher Farbe?**

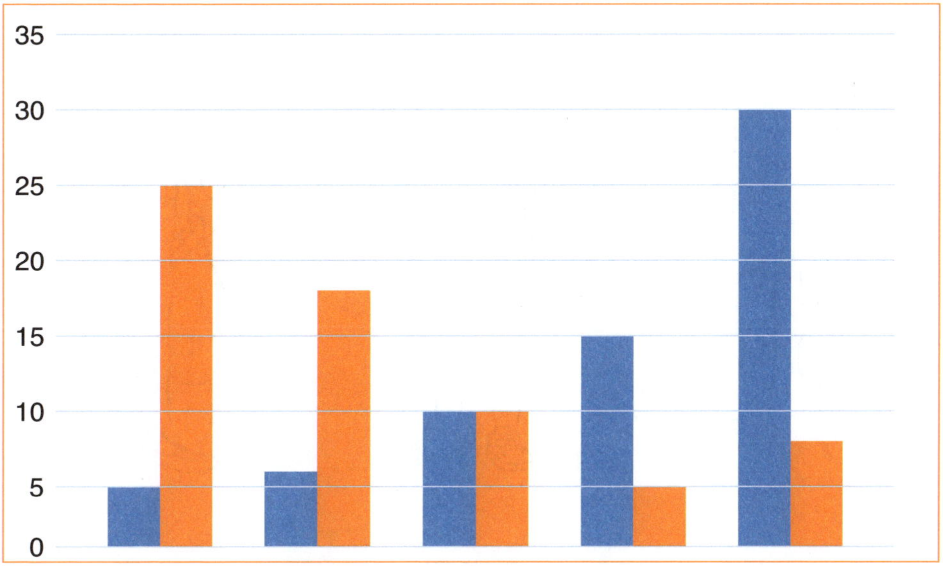

______-Grundschule ______-Grundschule

6 **Um welche Sportarten handelt es sich beim Säulendiagramm oben? Ordne zu. Du kannst es mithilfe des Balkendiagramms aus Übung 3 herausfinden.**

1: ______ 2: ______

3: ______ 4: ______

5: ______

7 **Kannst du das Rätsel lösen?**

Drei Kinder gehen zusammen zur Turnhalle. Welche Farben haben ihre T-Shirts, Hosen, Sporttaschen und ihre Haare?

Die Sporttasche ist grün, genauso wie das Trikot des Mädchens.
Zwei Hosen sind schwarz, ein Trikot ist rot und ein Sportbeutel ist grün.
Luca hat blonde Haare und einen roten Sportbeutel.
Das Mädchen heißt Emma und hat braune Haare.
Serhat, der schwarze Locken hat, steht neben dem Mädchen.
Der Junge, der sich am weitesten entfernt von Emma befindet, hat ein gelbes Trikot und eine blaue Hose.

Schreibe die Namen darunter.

1 **Halte ein Referat zu dem Thema „Im Kletterwald".**

Im Kletterwald erlebst du ein sportliches Abenteuer, bei dem du Selbstvertrauen und Mut entwickelst. Über verschiedene Hindernisse, wie zum Beispiel Hängebrücken, Kletternetze, Seilschaukeln und Balancierbalken, bewegst du dich in unterschiedlichen Höhen von Baum zu Baum. Du brauchst dazu bequeme Freizeitkleidung und festes Schuhwerk.
Bevor du starten darfst, bekommst du von ausgebildeten Sicherheitstrainern eine spezielle Kletterausrüstung und eine Sicherheitseinweisung, an die du dich genau halten musst.
Der Kletterwald ist von April bis Oktober täglich von 9.00 Uhr bis zum Einbruch der Dämmerung geöffnet. Bei Regen, Sturm oder Gewitter bleibt der Kletterwald geschlossen.
Kinder ab 8 Jahren dürfen nur in Begleitung eines Erwachsenen die Kletterpfade durchlaufen. Jugendliche ab 14 Jahren dürfen selbstständig klettern. Kinder und Jugendliche bis 18 Jahre zahlen 16€ Eintritt, Erwachsene 21€.

Meine Stichwörter, die für mich eine Merkhilfe sind:

___

___

___

Texte vergleichen

1 Kannst du die Silbenbögen zeichnen?

ZAUNDÜRR MISTKRATZER BAUERNHOF

KLAPPERGESTELLE HUNDEKNOCHEN

MITTAGESSEN BRÜCKENGELÄNDER

2 Findest du die richtigen Sätze?

- ☐ Auf einem Brauenhof gab es viele Hühner.
- ☐ Auf einem Bauernhof gab es viele Hühner.

- ☐ Die Köchin wollte ein Hähnchen braten.
- ☐ Die Köchin wollte ein Hähchnen braten.

- ☐ Der Hund tarbte über die Brücke.
- ☐ Der Hund trabte über die Brücke.

- ☐ Er erblickte einen anderen Hund.
- ☐ Er erdickte einen anderen Hund.

Vorwissen nutzen

1 Kannst du die Silbenbögen zeichnen?

KAMINKEHRER MITTELALTER BRENNSTOFFE
SCHORNSTEINFEGER SCHADSTOFFZAHLEN
MESSGERÄTE ARBEITSKLEIDUNG KEHRLEINE

2 Findest du die richtigen Sätze?

- [ ] Der Kamiknehrer hat eine schwarze Arbeitskleidung.
- [x] Der Kaminkehrer hat eine schwarze Arbeitskleidung.

- [x] Holz, Kohle, Gas und Öl sind Brennstoffe.
- [ ] Holz, Kohle, Gas und Öl sind Bernstoffe.

- [ ] Um Wärme zu gewinnen, müssen sie verbannt werden.
- [x] Um Wärme zu gewinnen, müssen sie verbrannt werden.

- [ ] Manchmal muss die Heizung neu eingesellt werden.
- [x] Manchmal muss die Heizung neu eingestellt werden.

3 Erkennst du die Buchstabengruppen, die gleich bleiben? Suche dir eine Farbe aus, um sie zu markieren.

Ehre	Gang	bündeln	Laub	Weizen
ehrlich	fangen	Hündin	sauber	geizig
kehren	Abhang	anzünden	Traube	Heizung

4 Bist du ein guter Wörter-Entdecker?

Um die Wörter zu entdecken, lässt du deine Augen über den Text wandern, ohne genau zu lesen.

Wie oft kommen die Wörter Kamin, Kaminkehrer, Schornsteinfeger und Kehrleine vor?

Kaminkehrer Kehrleine Schornsteinfeger Kaminkehrer
Kehrleine Schornsteinfeger Kamin Kaminkehrer Kehrleine
Schornsteinfeger Kehrleine Kaminkehrer Schornsteinfeger
Kamin Schornsteinfeger Kaminkehrer Kehrleine Kamin
Kehrleine Kamin Kehrleine Schornsteinfeger Kaminkehrer
Kaminkehrer Schornsteinfeger Kehrleine Schornsteinfeger
Kehrleine Kaminkehrer Schornsteinfeger Kehrleine Kamin

Kamin 5 Kaminkehrer 8
Schornsteinfeger 9 Kehrleine 10

1 Kannst du die Fragen zum Text „Kaminkehrer" beantworten?

Seit wann gibt es Kaminkehrer?

Es gibt sie seit dem Mittelalter.

Was war damals die Aufgabe der Kaminkehrer?

Er kehrte die Kamine innen sauber (um zu verhindern, dass ein Haus abbrennt).

Warum bestand früher die Gefahr, dass Häuser abbrennen?

Durch das Verbrennen des Holzes blieb viel Ruß in den Kaminen hängen. Der Ruß entzündete sich leicht.

Welche Brennstoffe werden genannt?

Holz, Gas, Öl

2 Findest du den Weg des Kaminkehrers durch die Stadt?

Er startet an der Eulenstraße 4 und biegt in die Marsstraße Richtung Süden ab. In der Einsteinstraße misst er bei allen drei Häusern den Schadstoffausstoß. Danach fährt er an dem Gebäude vorbei, in dem der Bürgermeister arbeitet. Anschließend biegt er in die Sonnenstraße ab, um in der alten Villa den Kamin des Kachelofens zu überprüfen. Danach biegt er Richtung Norden in die Rheinstraße ab und dann westlich in die Straße, die am Kindergarten vorbeiführt. ~~Die Kinder im Sandkasten winken ihm zu.~~ Er fährt durch den Park und am Krankenhaus vorbei zu den Reihenhäusern an der Bäckerstraße und parkt vor dem mittleren Haus. Nachdem er dort seine Arbeit erledigt hat, fährt er auf dem kürzesten Weg zur Bücherei. Hier endet seine Tour.

a) Zeichne den Weg in den Stadtplan ein.

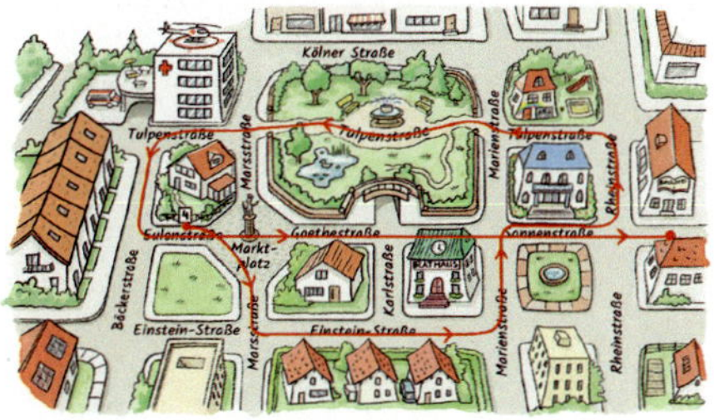

b) Welcher Satz ist für die Wegbeschreibung unwichtig? Streiche ihn durch. Lösung im Text oben

3 Kannst du das Rätsel lösen?

Drei Schornsteinfeger fahren nach Hause. Wer wohnt in welchem Haus? Verbinde.

Ein Schornsteinfeger heißt Markus Meier.
Milo Horvat steht rechts. Er wohnt in einem Haus mit zwei Fenstern.
Auch der Schornsteinfeger in der Mitte wohnt in einem Haus mit zwei Fenstern.
Aus dem Schornstein seines Hauses steigt Rauch.
Das Haus mit dem einen Fenster gehört David Schmid.

Schreibe die richtigen Namen auf die Türschilder.

Gezielt lesen

1 Kannst du die Silbenbögen zeichnen?

WASSERMASSEN AUTOBAHNANSCHLUSSSTELLE
VERBINDUNGSSTRASSE JUGENDZELTLAGER
WOHNWAGENANHÄNGER SPÄTNACHMITTAGS

2 Findest du die richtigen Sätze?

- [x] Bei einem Gewitter blitzt und donnert es.
- [ ] Bei einem Gewitter blitzt und dannert es.

- [ ] Ein Regenbogen entsteht bei Regen mit Sonnenstein.
- [x] Ein Regenbogen entsteht bei Regen mit Sonnenschein.

- [ ] Es gibt in Deutschland immer öfter starke Strüme.
- [x] Es gibt in Deutschland immer öfter starke Stürme.

- [x] Bei Überschwemmungen werden Straßen gesperrt.
- [ ] Bei Überschwemmungen werden Starßen gesperrt.

3 Erkennst du die Buchstabengruppen, die gleich bleiben? Suche dir eine Farbe aus, um sie zu markieren.

Mitte	Brücke	Dächer	wild	danach
mittags	bücken	lächeln	Schilder	Nacht
bitten	Lücke	Wächter	bilden	Nachbar

4 Bist du ein guter Wörter-Entdecker?

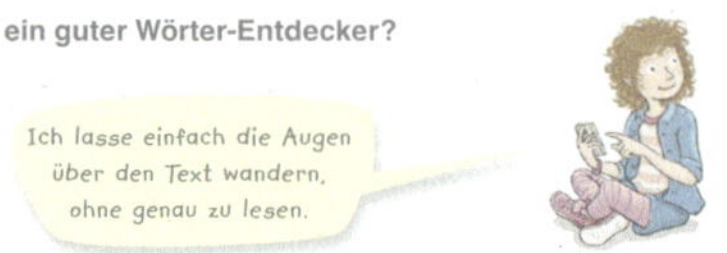

Wie oft kommen die Wörter Luft und Wolken im Text vor?

Gewitter gibt es meist an warmen Sommertagen. Heiße Luft steigt hoch in den Himmel. Dort trifft die heiße Luft auf kalte Wolken. In den Wolken haben sich viele Wassertropfen angesammelt. Wenn die heiße Luft mit Schwung auf die Wassertropfen trifft, werden sie durcheinandergewirbelt. Die Tropfen stoßen aneinander und reiben sich so stark, dass die Wolken dabei elektrisch aufgeladen werden. Dann beginnt es zu funken und es blitzt. Der Blitz löst den Donner aus, der danach kommt. Wenn der heiße Blitz über den Himmel zuckt, erhitzt er die Luft. Die heiße Luft dehnt sich mit gewaltiger Kraft aus und es donnert.

Luft 5 Wolken 3

Unwetter über Hausen

Am Freitag gab es spätnachmittags ein schweres Unwetter mit Sturm, Gewitter und heftigem Regen. Über Hausen fielen von 17.30 bis 18.50 Uhr etwa 40 Liter Regen pro Quadratmeter. 180 Blitze wurden registriert. Der Sturm deckte bei acht Häusern die Dächer ab. Zahlreiche Bäume wurden entwurzelt und fielen um, sodass sie teilweise Straßen versperrten und Fahrzeuge beschädigten. Durch herabfallende Äste wurden drei Personen leicht verletzt. Der Mühlweiher trat über die Ufer, überspülte die Weststraße und ließ Schlamm und Geröll zurück. Viele Keller liefen voll Wasser. Die Feuerwehr war im Dauereinsatz. Die Verbindungsstraße von Hausen nach Heroldsbach war wegen Überflutung gesperrt. Erst nach einigen Stunden hatte die Feuerwehr die Wassermassen auf die benachbarten Felder gepumpt und die Fahrbahn gereinigt. An der Autobahnanschlussstelle der A73 Baiersdorf-Nord wurde auf der Brücke ein Wohnwagenanhänger von einer Sturmbö erfasst und umgeworfen, sodass beide Fahrbahnen blockiert waren. Es bildete sich auf der Autobahn A73 ein Rückstau von 20 Kilometern Länge. Wegen der starken Regenfälle musste das Jugendzeltlager des Sportvereins auf dem Gelände des Sportplatzes abgebrochen werden.

1 **Findest du die richtigen Textstellen? Nimm für jede W-Frage eine andere Farbe und markiere die Antwort im Text.**

Wer war im Dauereinsatz?

Wann gab es ein schweres Unwetter?

Wo entstand ein Rückstau?

Was geschah mit dem Jugendzeltlager?

Warum konnte niemand von Hausen nach Heroldsbach fahren?

Wohin hat die Feuerwehr die Wassermassen gepumpt?

2 **Welche W-Fragen fallen dir zum Text ein?**

Meine W-Fragen:

(eigene Lösung)

1 **Kannst du die Fragen zum Text „Unwetter über Hausen" beantworten? Gib an, in welchen Zeilen die Antwort steht.**

Was geschah mit drei Personen?

Durch herabfallende Äste wurden drei Personen leicht verletzt.

Zeile/n: 8

Welches Problem gab es bei der Weststraße?

Der Mühlweiher trat über die Ufer, überspülte die Weststraße und ließ Schlamm und Geröll zurück.

Zeile/n: 9 und 10

Was erfährst du über die Schäden an Häusern und Fahrzeugen?

Bei acht Häusern wurden die Dächer abgedeckt. Zahlreiche Bäume fielen um, sodass sie Fahrzeuge beschädigten.

Zeile/n: 5 bis 7

2 **Welche Wörter könntest du anstelle der unterstrichenen Wörter verwenden?**

180 Blitze wurden registriert. (Zeile 4)

☐ übersehen ☒ festgestellt ☐ fotografiert

Erst nach einigen Stunden hatte die Feuerwehr die Fahrbahn gereinigt. (Zeilen 13–15)

☐ aufgeräumt ☐ abgepumpt ☒ gesäubert

Das Jugendzeltlager auf dem Gelände des Sportplatzes musste abgebrochen werden. (Zeilen 21, 22)

☒ im Bereich ☐ in dem Gebäude ☐ in der Nähe

3 **Verbinde die Satzteile passend zum Lesetext.**

waren zwei Fahrbahnen gesperrt.

fielen zahlreiche Bäume um.

Durch den heftigen Regen

liefen viele Keller voll Wasser.

Wegen des Sturms

Wegen eines umgekippten Wohnwagenanhängers

4 **Welche Sätze kommen im Text auf Seite 16 vor? Kreise sie ein und gib die Zeilen an.**

(eingekreist) Am Freitag gab es spätnachmittags ein schweres Unwetter mit Sturm, Gewitter und heftigem Regen.

Am Freitag gab es spätnachmittags ein schweres Unwetter mit Sturm, Gewitter und starkem Regen.

Zeile/n 1 und 2

Zahlreiche Bäume wurden entwurzelt und fielen um, sodass sie einige Straßen versperrten und Fahrzeuge beschädigten.

(eingekreist) Zahlreiche Bäume wurden entwurzelt und fielen um, sodass sie teilweise Straßen versperrten und Fahrzeuge beschädigten.

Zeile/n 6 und 7

(eingekreist) Der Mühlweiher trat über die Ufer, überspülte die Weststraße und ließ Schlamm und Geröll zurück.

Der Mühlweiher trat über die Ufer, überspülte die Weststraße und ließ Schlamm und Gestrüpp zurück.

Zeile/n 9 und 10

5 **Welche Wörter stimmen? Streiche die Wörter durch, die nicht im Text auf Seite 16 stehen. Gib an, wo der Satz steht.**

Über Hausen fielen von 17.30 bis 18.50 Uhr etwa 40 Liter Regen/~~Regenwasser~~ pro Quadratmeter.

Zeile/n 3 und 4

Der Sturm deckte bei acht/~~zehn~~ Häusern die Dächer ab.

Zeile/n 5

Durch herabfallende ~~Zweige~~/Äste wurden drei Personen leicht verletzt.

Zeile/n 8

Die Verbindungsstraße von Hausen nach Heroldsbach war wegen ~~Überschwemmung~~/ Überflutung gesperrt.

Zeile/n 12 und 13

6 **Welche Sätze könnten auch in dem Text auf Seite 16 stehen?**

- [ ] Die Kinder machten auf dem Sportplatz Wasserspiele.
- [x] Die Kinder und Jugendlichen wurden in der Turnhalle untergebracht.
- [x] Es entstanden Sachschäden von mehreren Hunderttausend Euro.
- [ ] Friedas Oma hat sich sehr aufgeregt.

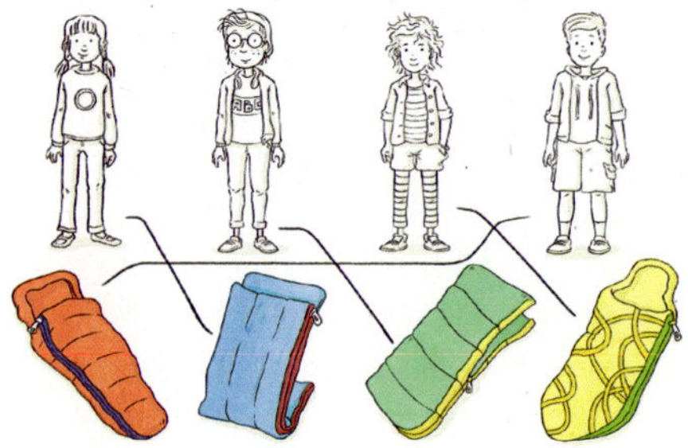

7 **Kannst du das Rätsel lösen?**

Die Kinder im Zeltlager packen schnell ihre Sachen zusammen. Welchem Kind gehört welcher Schlafsack?

Dem Kind mit dem gestreiften T-Shirt gehört ein Schlafsack mit Kapuze. Sein Schlafsack ist gelb.
Der Schlafsack, der dem Kind mit der Brille gehört, hat keine Kapuze und einen gelben Reißverschluss. Sein Schlafsack liegt neben dem gemusterten Schlafsack.
Zu dem roten Schlafsack mit Kapuze gehört das Kind mit den Außentaschen an seiner Hose.
Der gemusterte Schlafsack hat einen grünen Reißverschluss.
Der Reißverschluss des roten Schlafsacks ist blau.
Dem Kind mit dem Kreissymbol gehört kein Schlafsack mit Kapuze. Sein Schlafsack ist blau mit rotem Reißverschluss.
Der Schlafsack mit dem gelben Reißverschluss ist grün.

1 **Nach dem Unwetter erstellt die Gemeinde Hausen eine Übersicht mit Stichpunkten. Kannst du die Tabelle mithilfe des Textes auf Seite 16 passend füllen?**

Ursache	Auswirkungen
Sturm	→ Dächer von acht Häusern abgedeckt
	→ zahlreiche Bäume entwurzelt und umgefallen
	→ Straßen teilweise versperrt
	→ Fahrzeuge beschädigt
	→ drei Personen durch herabfallende Äste leicht verletzt
	→ Wohnwagenanhänger umgeworfen
Regen	→ Mühlweiher trat über die Ufer
	→ Weststraße überspült
	→ Schlamm und Geröll auf der Weststraße
	→ Keller vollgelaufen
	→ Verbindungsstraße von Hausen nach Heroldsbach wegen Überflutung gesperrt
	→ Jugendzeltlager abgebrochen

Handlungsschritte herausfinden

1 **Kannst du die Silbenbögen zeichnen?**

KÖNIGSSCHATZ BRÜCKENSTEINE
BODENHÖHE FELSVORSPRÜNGE
SCHWANZSPITZE GOLDSTÜCKE

2 **Findest du die richtigen Sätze?**

- [ ] In Fantaseigeschichten kommen Wesen vor, die es in Wirklichkeit nicht gibt.
- [x] In Fantasiegeschichten kommen Wesen vor, die es in Wirklichkeit nicht gibt.

- [x] Sie erleben oft spannende oder lustige Abenteuer.
- [ ] Sie erleben oft spannende oder lustige Abendsteuer.

- [ ] Viele dieser Fantasiewesen haben Zauberkräftig.
- [x] Viele dieser Fantasiewesen haben Zauberkräfte.

- [ ] Meistens siegen am Ende die Guten über die Böden.
- [x] Meistens siegen am Ende die Guten über die Bösen.

3 Erkennst du die Buchstabengruppen, die gleich bleiben? Suche dir eine Farbe aus, um sie zu markieren.

bleich	Zaun	hinten	Flamme	Socke
leicht	Laune	Winter	Klammer	locker
schleichen	staunen	Tinte	jammern	trocken

4 Bist du ein guter Wörter-Entdecker?

Wie oft kommen die Wörter Fee, Prinz und Frosch im Text vor?

Es war einmal eine Fee, die trank sehr gerne Käfertee.
Sie saß in ihrer Küche und probierte Zaubersprüche.
Die Fee konnte sich die Sprüche nie merken,
das gehörte nicht zu ihren Stärken.
Die kleine vergessliche Fee verwandelte
ihren Frosch in ein Reh.
Er sollte eigentlich ein schöner Prinz werden,
mit großem Reich und prächtigen Pferden.
Die Fee hatte die Wörter durcheinandergebracht. Das Reh rief:
„Beim zweiten Mal gib aber acht!"
Also versuchte sie es noch einmal. Da klappte es: Ein Prinz
stand im Königssaal.
Doch irgendetwas stimmte wieder nicht – der Prinz war wie der
Frosch ganz grün im Gesicht.

Fee 4 Prinz 3 Frosch 2

Auf der Suche nach dem gestohlenen Königsschatz

Endlich sah Moro die dunkle Höhle, in der ein furchtbarer Drache den gestohlenen Königsschatz bewachte. Moro sollte den Schatz dem König zurückbringen. Doch nun wurde er bleich, denn vor ihm klaffte ein Abgrund, über den eine bröckelige Steinbrücke führte. Vorsichtig setzte er einen Fuß auf den ersten Stein, da gab dieser nach und fiel in die Tiefe. Rasch zog Moro seinen Fuß zurück. Wie sollte er nur auf die andere Seite gelangen? Plötzlich entdeckte er auf den Brückensteinen seltsame Zeichen, die er schon einmal gesehen hatte. Er betrachtete sein magisches Armband, das rundherum verziert war. Das erste Zeichen auf dem Armband war auf dem dritten Brückenstein zu sehen. Moro holte einmal tief Luft und sprang auf den Stein. – Er hielt. So ging es weiter von Stein zu Stein, bis er die andere Seite erreicht hatte. Aber das Schlimmste stand ihm noch bevor: der Drache. Als Moro die Höhle betrat, konnte er gerade noch einer Flamme ausweichen, die in Bodenhöhe auf ihn zuschoss. Er kletterte flink die Felswand hoch und staunte. Vor ihm lag ein riesiger schlafender Drache. Immer wenn er ausatmete, schnaubte er eine Flamme. Moro hangelte sich an den Felsvorsprüngen entlang und kletterte hinter dem Drachen herunter. Wo war der Schatz? Beim nächsten Feuerschnauben zuckte der Drache mit dem Schwanz. Da entdeckte Moro einen Beutel an der Schwanzspitze, durch dessen Stoff es funkelte. Vorsichtig nahm er den Beutel und kletterte schnell zurück. Als er wieder auf den Boden sprang, löste sich ein lockerer Felsbrocken und polterte gegen die Schnauze des Drachen. Moro rannte, so schnell er konnte, zum Ausgang der Höhle. Hinter ihm brüllte und stampfte der Drache. Er verfolgte ihn und kam immer

näher. Verzweifelt hechtete Moro von Stein zu Stein über den Abgrund, da hörte er hinter sich ein gewaltiges Getöse. Die Brückensteine, auf die der Drache getreten war, krachten in die Tiefe und mit ihnen der Drache. Das war knapp! Moro ließ sich auf den Boden fallen, leerte den Beutel aus und warf glücklich die Goldstücke und Edelsteine in die Höhe.

1 Kannst du die Geschichte in Abschnitte einteilen, die zu den Handlungsschritten passen? Markiere den jeweiligen Abschnitt in der Farbe der Überschrift.

Moro sucht nach dem Schatz
Ein gefährlicher Abgrund
Moro gelingt die Flucht
Die Drachenhöhle

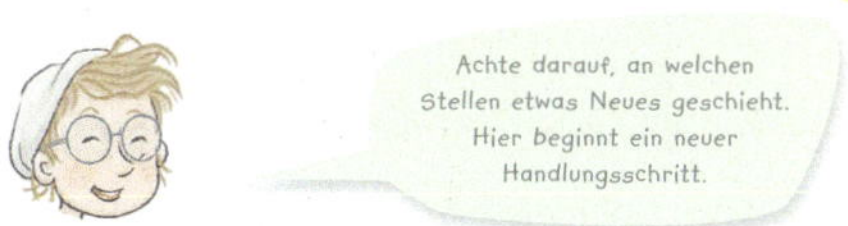

2 Welche Schlüsselwörter helfen dir, die Handlungsschritte der Reihe nach zu erzählen? Kreise sie in jedem Abschnitt ein.

(eigene Lösung)

1 Kannst du die Fragen zum Text „Auf der Suche nach dem gestohlenen Königsschatz" beantworten?

Woraus besteht der gestohlene Königsschatz?

Er besteht aus Goldstücken und Edelsteinen.

Wo befindet sich der Schatz?

Er befindet sich an der Schwanzspitze des Drachen.

Was ist der Trick des magischen Armbands?

Auf den Brückensteinen befinden sich Zeichen. Die Zeichen auf dem Armband zeigen Moro, auf welche Brückensteine er der Reihe nach springen muss.

Warum wacht der Drache auf?

Ein lockerer Felsbrocken löste sich und polterte dem Drachen gegen die Schnauze.

2 **Richtig (r), falsch (f) oder nicht im Text enthalten (n)?**

	r	f	n
Der Drache ist Moros Freund.	☐	☒	☐
Wenn Moro den Schatz zurückbringt, darf er die Königstochter heiraten.	☐	☐	☒
Moro ist mutig.	☒	☐	☐
Die Brücke besteht aus zwanzig Steinen.	☐	☐	☒
Nur bestimmte Brückensteine halten.	☒	☐	☐
In der Drachenhöhle ist es dunkel.	☒	☐	☐
Der Drache hustet Flammen.	☐	☒	☐
Der Drache stürzt in den Abgrund.	☒	☐	☐
Moro hat Kraft.	☒	☐	☐
Im Königreich sind jetzt alle Drachen tot.	☐	☐	☒
Moro liegt glücklich auf dem Boden und singt.	☐	☒	☐

3 **Entdeckst du in der Kurzfassung der Geschichte die fünf inhaltlichen Fehler? Streiche die Stellen durch und schreibe sie korrigiert daneben.**

Als Moro unterwegs war, um den Königsschatz zurückzuholen, musste er über einen Abgrund mit einer ~~Hängebrücke~~. In der Drachenhöhle schlief der Drache und schnaubte eine Flamme, immer wenn er ~~schnarchte~~. Moro fand den Schatz an ~~einer Drachenkralle~~. Der Drache wachte auf, weil ihm ein Felsbrocken ~~auf den Kopf~~ polterte, und er verfolgte Moro. Moro konnte gerade noch entkommen und der Drache ~~flog~~ ihm hinterher.

Korrekturen: bröckeligen Steinbrücke – ausatmete – der Schwanzspitze – gegen die Schnauze – stampfte

4 **Um welche Textsorte handelt es sich bei dem Text auf Seite 26/27?**

- [ ] Der Text ist ein Bericht über einen Drachen.
- [x] Der Text ist eine Fantasiegeschichte mit einem Drachen.
- [ ] Der Text ist ein Sachtext über Drachen.
- [ ] Der Text ist ein Drachenmärchen.

5 **Welche Überschrift würde auch zu dem Text auf Seite 26/27 passen? Kreise sie ein.**

Auf dem Weg zur Drachenhöhle

Moros gefährliches Abenteuer (eingekreist)

Ein geheimnisvolles Armband

6 **Was gehört zusammen? Markiere es in derselben Farbe.**

brüllen – Flamme – Armband – schlafen – Drache – stampfen – Moro – springen – klettern – glücklich – verfolgen – Schwanzspitze

7 **Kannst du das Rätsel lösen?**

Der kleinste Drache heißt Lilliput.
Der Kopf und der Schwanz eines Drachen sind grün.
Der linke Drache hat einen blauen Kopf und einen roten Körper.
Der größte Drache heißt Obsidian. Sein Kopf und Schwanz sind rot.
Lilliput hat einen gelben Kopf und einen lila Schwanz.
Der Drache mit dem grünen Kopf heißt Verduro.
Am roten Körper des Drachen Arimelda befindet sich ein blauer Schwanz.
Der Drache mit dem roten Schwanz hat einen blauen Körper.
Der Drache mit dem gelben Kopf besitzt einen grünen Körper.
Verduro hat einen blauen Körper.

Schreibe ihre Namen darunter.

Die List der kleinen Maus

2 „Ich weiß, wie man die Katze überlisten kann", fuhr die Maus stolz fort. „Wie denn?", fragten die Mäuse. „Mit diesem Glöckchen", antwortete das Mäuschen und zeigte ihnen eine neue glänzende Glocke. „Sobald die Katze schläft, hängen wir sie ihr um den Hals. Auf diese Weise können wir die Katze hören, bevor sie nach uns schnappt." „Bravo, bravo!", riefen die Mäuse. Das Mäuschen verbeugte sich und lächelte.

3 „Noch eine Frage", meldete sich die Großmutter mit schwacher Stimme. „Wer soll denn der Katze das Glöckchen um den Hals hängen?" „Natürlich ein Freiwilliger", antwortete das Mäuschen. „Und wer meldet sich freiwillig?", fragte die Großmutter. Einer blickte den anderen an. Niemand meldete sich. Darum fangen die Katzen auch heute noch die Mäuse.

1 Ein Mäuschen, das es leid war, ständig von der Katze gejagt zu werden, hatte einen Einfall. Es rief die ganze Familie zusammen und sagte: „Wir müssen uns ein für alle Mal vor der Katze schützen." „Ja, ja!", riefen die Mäuse.

nach Äsop

1 Findest du die richtige Reihenfolge der Handlungsschritte heraus? Nummeriere von 1 bis 3.

2 Welche Abschnitte passen zu diesen Überschriften?

Es klappt nicht → Abschnitt 3

Eine geniale Idee → Abschnitt 2

Das Leid der Mäuse → Abschnitt 1

Stichwörter notieren

1 Kannst du die Silbenbögen zeichnen?

ERNÄHRUNGSBERATER ESSENSREGELN
FAHRRADFAHREN GUMMIBÄRCHEN
SÄTTIGUNGSGEFÜHL VOLLKORNPRODUKTE

2 Findest du die richtigen Sätze?

- [x] Zu viel Zucker ist ungesund.
- [ ] Zu viel Zucker ist unsegund.

- [ ] Bewegung und Sprot sind wichtig für den Körper.
- [x] Bewegung und Sport sind wichtig für den Körper.

- [ ] Bei Übergewicht leidet der ganze Kochanbau.
- [x] Bei Übergewicht leidet der ganze Knochenbau.

- [ ] Wenn du zu Fuß zur Schule gehst, hast du schon morgens Begehung und frische Luft.
- [x] Wenn du zu Fuß zur Schule gehst, hast du schon morgens Bewegung und frische Luft.

3 Erkennst du die Buchstabengruppen, die gleich bleiben? Suche dir eine Farbe aus, um sie zu markieren.

Tasche	offen	Lehm	hohl	Pate
naschen	Stoffe	nehmen	obwohl	Berater
rascher	Kartoffel	angenehm	Kohle	braten

4 Bist du ein guter Wörter-Entdecker?

Wie oft kommt das Wort Nervenzellen im Text vor?
Wie oft kommt das Wort Reize im Text vor?

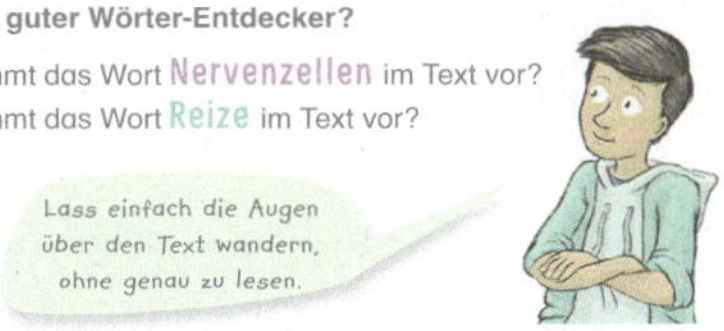

Im Körper eines Babys befinden sich über 100 Milliarden Nervenzellen. Die Nervenzellen funktionieren jedoch in späteren Jahren erst dann, wenn sie miteinander verbunden werden. Nervenverbindungen entstehen durch äußere Reize, die du mit deinen Sinnesorganen aufnimmst – mit Ohren, Augen, Nase, Zunge und Haut. Die Reize werden durch die Nervenbahnen in dein Gehirn geleitet. Wenn du dich bewegst, nimmst du viele Reize auf. Bewegung fördert den Aufbau von Verbindungen zwischen den Nervenzellen. Viel Bewegung schärft die Sinne und du kannst dich besser konzentrieren.

Nervenzellen 3 Reize 3

Ernährung – bitte sinnvoll

Welches Ergebnis erhältst du, wenn du zwei Stunden Fernsehen, eine Tüte Chips, einen Schokoriegel, ein Glas Cola und ein paar Handvoll Gummibärchen zusammenzählst? Ganz einfach: Keine Bewegung – aber mehr Zucker und Fett, als dein Körper braucht. Damit der Körper diese Stoffe wieder abbauen kann, müsstest du mehrere Stunden Skaten, Joggen oder Fahrradfahren. Die Ernährungsberater wissen, warum es so schwierig ist, auf das Naschen oder Knabbern zu verzichten: Man ist von sich selbst enttäuscht, wenn man sich strenge Essensregeln vornimmt und es dann nicht schafft, sie einzuhalten. Vor lauter Frust isst man dann noch mehr. Einmal angenommen, du entscheidest für dich: „Ab morgen esse ich überhaupt keine Schokoriegel, Gummibärchen und Chips mehr!" Wenn du dann doch Lust darauf hast, dich nicht zurückhalten kannst und ein bisschen naschst, ist es schon zu spät. Du ärgerst dich dann so sehr über dich selbst, dass du dir denkst: „Jetzt ist es sowieso egal!" – und du isst die ganze Tüte leer. Das ist oft ein Grund, warum viele Menschen mit ihrem Gewicht zu kämpfen haben, obwohl sie eigentlich abnehmen wollten. Statt strenger Verbote solltest du dir lieber eine kleine Menge Gummibärchen, Chips oder Schokolade in der Woche gönnen.

Die Ernährungsberater erklären: Wenn du ständig nebenbei isst, geht dir irgendwann dein natürliches Sättigungsgefühl verloren. Du brauchst aber angemessene Portionen auf dem Teller, um richtig gut satt zu werden. Deshalb sind regelmäßige Mahlzeiten wichtig: Frühstück, Mittag- und Abendessen – und zwei Zwischenmahlzeiten aus Obst, Gemüse oder Vollkornprodukten.

1 **Stell dir vor, du bist Ernährungsberater. Du hältst vor deiner Klasse einen Vortrag über sinnvolle Ernährung. Markiere im Text Stellen, die für deinen Vortrag wichtig sind.**

(eigene Lösung)

2 **Notiere dir zu den markierten Stellen Stichwörter als Merkhilfe.**

(eigene Lösung)

1 **Kannst du die Fragen zum Text „Ernährung – bitte sinnvoll" beantworten?**

Von welchen Stoffen nimmst du zu, wenn dein Körper mehr von ihnen bekommt, als er braucht?

Von Zucker und Fett nehme ich dann zu.

Was ist für dein natürliches Sättigungsgefühl wichtig?

Es sind angemessene Portionen und regelmäßige Mahlzeiten wichtig.

Eine Mitschülerin isst tagsüber viel zu viel Schokolade und Kekse. Sie kann einfach nicht Nein dazu sagen. Deshalb hat sie Übergewicht und sagt zu dir: „Ab morgen esse ich überhaupt keine Süßigkeiten mehr."

Sag deiner Mitschülerin mit Begründung, was du davon hältst, und gib ihr einen Tipp.

Das ist nicht so gut, weil du dich dann vielleicht doch nicht zurückhalten kannst und ein bisschen naschst. Dann ärgerst du dich, dass du doch genascht hast, und isst die ganze Tüte leer. Erlaube dir lieber eine kleine Menge Gummibärchen, Chips oder Schokolade in der Woche.

2 **Was ist gemeint? Schaffst du es, die unterstrichenen Wörter durch passende Wörter aus dem Text links zu ersetzen?**

In jedem Körper gibt es das Insulin. <u>Es</u> ist dafür da, dass der Zucker in deine Körperzellen kommt. Wenn du Hunger hast und dann Süßigkeiten isst, kommt rasch viel Zucker <u>dorthin</u>. Leider ist <u>er</u> auch schnell wieder verbraucht und du hast gleich wieder Hunger. Wenn du jetzt nochmal etwas isst, landet mehr Zucker in den Zellen, als <u>sie</u> brauchen. Mit der Zeit entstehen Fettpölsterchen und du bekommst Übergewicht. Um <u>das</u> zu vermeiden, ist es besser, du nimmst gesunde Nahrung zu dir, wenn du Hunger hast.

Es – Das Insulin

dorthin – in die Körperzellen

er – der Zucker

sie – die Zellen

das – Übergewicht

Die Viertklässler der Hecken-Grundschule wurden gefragt, welche Sportarten außer Fußball sie am liebsten mögen. Das Ergebnis siehst du im Balkendiagramm.

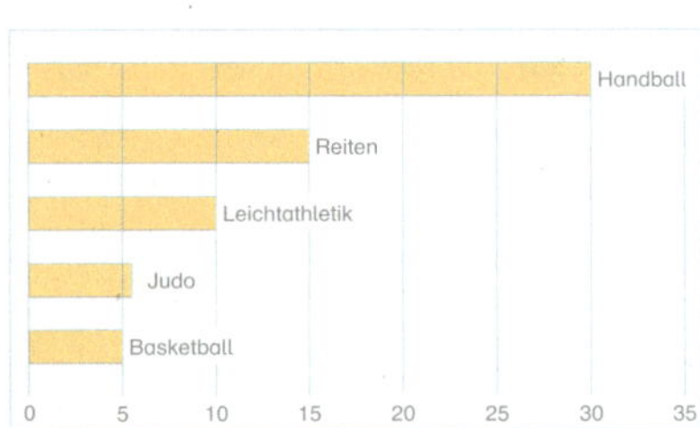

3 **Wie viele Viertklässler wurden insgesamt befragt?**

Es wurden 61 Kinder befragt.

4 **Trage mithilfe des Schaubilds ein, ob die Aussagen richtig (r), falsch (f) oder nicht ablesbar (?) sind.**

Fast die Hälfte der Kinder spielt am liebsten Handball.	r
Leichtathletik ist doppelt so beliebt wie Basketball.	r
Die meisten Mädchen reiten am liebsten.	?
Judo ist beliebter als Basketball und Leichtathletik.	f
Fußball mögen alle Kinder am liebsten.	?

An der Watzmann-Grundschule wurde die Umfrage mit derselben Anzahl Viertklässler gemacht. Im Säulendiagramm siehst du die Ergebnisse beider Schulen.

5 **Welche Schule gehört zu welcher Farbe?**

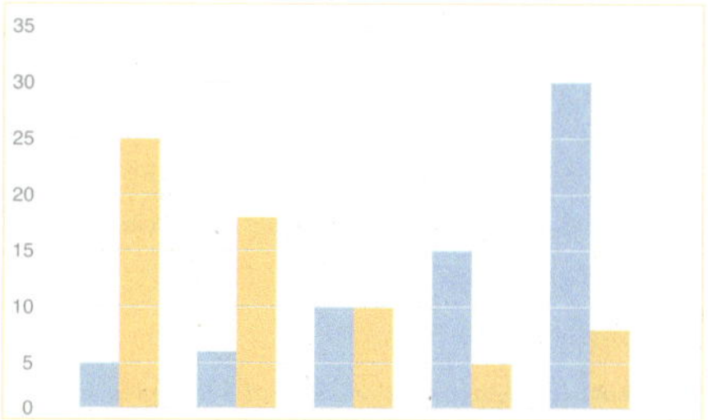

Watzmann -Grundschule   Hecken -Grundschule

6 **Um welche Sportarten handelt es sich beim Säulendiagramm oben? Ordne zu. Du kannst es mithilfe des Balkendiagramms aus Übung 3 herausfinden.**

1: Basketball   2: Judo
3: Leichtathletik   4: Reiten
5: Handball

7 **Kannst du das Rätsel lösen?**

Luca   Serhat   Emma

Drei Kinder gehen zusammen zur Turnhalle. Welche Farben haben ihre T-Shirts, Hosen, Sporttaschen und ihre Haare?

Die Sporttasche ist grün, genauso wie das Trikot des Mädchens. Zwei Hosen sind schwarz, ein Trikot ist rot und ein Sportbeutel ist grün.
Luca hat blonde Haare und einen roten Sportbeutel.
Das Mädchen heißt Emma und hat braune Haare.
Serhat, der schwarze Locken hat, steht neben dem Mädchen.
Der Junge, der sich am weitesten entfernt von Emma befindet, hat ein gelbes Trikot und eine blaue Hose.

Schreibe die Namen darunter.

Texte vergleichen

1 **Kannst du die Silbenbögen zeichnen?**

ZAUNDÜRR   MISTKRATZER   BAUERNHOF
KLAPPERGESTELLE   HUNDEKNOCHEN
MITTAGESSEN   BRÜCKENGELÄNDER

2 **Findest du die richtigen Sätze?**

- [ ] Auf einem Brauenhof gab es viele Hühner.
- [x] Auf einem Bauernhof gab es viele Hühner.

- [x] Die Köchin wollte ein Hähnchen braten.
- [ ] Die Köchin wollte ein Hächnen braten.

- [ ] Der Hund tarbte über die Brücke.
- [x] Der Hund trabte über die Brücke.

- [x] Er erblickte einen anderen Hund.
- [ ] Er erdickte einen anderen Hund.

3 **Erkennst du die Buchstabengruppen, die gleich bleiben? Suche dir eine Farbe aus, um sie zu markieren.**

Loch	kühn	Kappe	Tür	Sache
Knochen	Bühne	plappern	Türme	lachen
kochen	Hühner	schnappen	natürlich	Stachel

4 **Bist du ein guter Wörter-Entdecker?**

Wie oft kommen die Wörter Fabel, Menschen und Tiere im Text vor?

Eine Fabel ist eine kurze Geschichte. Die „Personen" sind häufig Tiere, die aber menschliche Eigenschaften haben. Die Tiere sprechen, fühlen, handeln oder denken wie wir Menschen. Oft kommt es zwischen den Tieren zu einem Gespräch. Aus Fabeln sollen Menschen lernen, wie man sich richtig verhält. Der Mensch soll die Lehre in einer Fabel selbst erkennen. Manchmal steht die Lehre am Schluss der Fabel. In vielen Fabeln kommen die gleichen Tiere vor, mit ihren typischen Eigenschaften, wie zum Beispiel der schlaue Fuchs oder der schnelle Hase.

Fabel 3   Menschen 2   Tiere 3

1 **Weißt du, was alle Fabeln gemeinsam haben?**

- [X] Es kommen Tiere statt Menschen vor.
- [X] Aus Fabeln sollen wir Menschen etwas lernen.
- [ ] Es sind lustige Tiergeschichten.
- [X] Jede Fabel hat eine Lehre.

2 **Findest du die Unterschiede der beiden Fabeln heraus?**

	Die fetten und die mageren Hühner	Der Hund und der Knochen
Tiere	Hühner	ein Hund
Darum geht es	Die fetten Hühner lachen die mageren Hühner aus. Die Köchin holt sich die fetten Hühner, um sie zu braten. Jetzt lachen die mageren Hühner.	Ein Hund mit einem Knochen sieht im Wasser einen Hund mit einem größeren Knochen. Er springt ins Wasser und schnappt nach dem größeren Knochen. Am Ende hat er gar keinen Knochen.
Lehre	Wer zuletzt lacht, lacht am besten./Man soll niemand auslachen./Man soll nicht eingebildet sein.	Es ist besser, etwas Kleines zu haben als gar nichts./Sei nicht neidisch./Sei nicht gierig./Sei zufrieden mit dem, was du hast.

1 **Kannst du die Fragen zu den Fabeln auf Seite 46 beantworten?**

Warum schnappte die Köchin sich die fetten Hühner?

Die Köchin wollte zu Mittag Hähnchen braten.

Kinder verhalten sich auch manchmal wie die Hühner in Fabel A. Welches Beispiel fällt dir dazu ein?

Mögliches Beispiel: Kinder ärgern andere Kinder wegen ihres Aussehens und beleidigen sie mit Schimpfnamen, z. B. Brillenschlange.

Wen hat der Hund gesehen?

Er hat sich selbst gesehen./Er hat sein Spiegelbild gesehen.

Wieso war der Knochen weg?

Der Hund sprang ins Wasser, schnappte nach dem größeren Knochen und ließ dabei seinen eigenen los.

2 **Welche Fabel gefällt dir besser? Begründe.**

Mir gefällt Fabel ☐ besser, weil

(eigene Lösung)

3 **Welche Wörter würden auch passen? Es können mehrere Bedeutungen stimmen.**

Fabel A:
Einige waren fett und einige mager.

fett: ☐ voll ☒ dick ☐ schwer

mager: ☒ dünn ☐ schwach ☒ dürr

Fabel B:
Als er ins Wasser hinuntersah, erblickte er einen anderen Hund, der auch einen Knochen im Maul hielt – einen noch größeren, wie ihm schien.

wie ihm schien: ☐ wie er träumte ☒ wie er dachte ☒ wie es ihm vorkam ☒ wie er meinte

4 **Kannst du das Bild fertigstellen?**

Das größere weiße Huhn pickt gerade nach einem Wurm.
Das kleinere Huhn hat braune Federn.
Der Hund ist schwarz-weiß gefleckt. Er hat einen großen Knochen im Maul.
Der Fuchs besitzt ein oranges Fell, eine weiße Schnauze und vier weiße Pfoten. Seine Schwanzspitze ist schwarz.
Der Schnabel und die Beine des Storches sind rot und seine Flügel schwarz.
Zwischen dem Storch und dem Fuchs stehen eine hohe grüne Flasche und ein Teller mit Suppe.

Der Fuchs und der Storch

Eines Tages lud ein Fuchs einen Storch zum Essen ein. Er servierte ihm eine köstliche Suppe in einem Suppenteller. „Greif zu“, sagte der Fuchs hinterlistig. Der Storch versuchte erfolglos mit seinem langen Schnabel etwas von der Suppe zu essen. Der Fuchs fragte scheinheilig: „Schmeckt es dir nicht?“ „Ich habe keinen Hunger, lieber Fuchs. Aber komm doch du morgen zu mir zum Essen“, antwortete der Storch.
Am nächsten Tag servierte der Storch dem Fuchs ein köstlich duftendes Essen in einer hohen Flasche. Dem Fuchs lief das Wasser im Maul zusammen, er kam aber nicht an das Essen heran. Der Storch fragte: „Mein lieber Fuchs, hast du keinen Hunger?“ Dann ließ er sich das Essen mit seinem spitzen, langen Schnabel schmecken. Der Fuchs aber machte sich hungrig davon.
nach Äsop

1 Kannst du die Fabel als Geschichte in der Ich-Form aufschreiben?

Lösungsbeispiel:

Eines Tages überlegte ich mir, wie ich den Storch ärgern könnte. Da hatte ich eine Idee: Ich servierte ihm eine köstliche Suppe in einem Suppenteller. „Greif zu“, sagte ich hinterlistig. Der Storch versuchte erfolglos mit seinem langen Schnabel etwas von der Suppe zu essen. Ich fragte scheinheilig: „Schmeckt es dir nicht?“ „Ich habe keinen Hunger, lieber Fuchs. Aber komm doch du morgen zu mir zum Essen“, antwortete der Storch.
Am nächsten Tag ging ich zum Storch und er servierte mir ein köstlich duftendes Essen in einer hohen Flasche. Mir lief das Wasser im Maul zusammen. Ich kam aber nicht an das Essen heran. Der Storch fragte mich: „Mein lieber Fuchs, hast du keinen Hunger?“ Dann ließ er sich das Essen mit seinem spitzen, langen Schnabel schmecken. Ich aber machte mich hungrig davon.

Das passende Buch auswählen

1 Kannst du die Silbenbögen zeichnen?

KINDERBACKBUCH KRIMINALROMAN
REISEFÜHRER INHALTSVERZEICHNIS
ARTISCHOCKENHERZEN GARNELENSCHWÄNZE

2 Findest du die richtigen Sätze?

- [ ] Den meisten Kindern macht es Spaß zu kocken.
- [x] Den meisten Kindern macht es Spaß zu kochen.

- [x] Es ist sinnvoll, zuerst alle Zutaten herzurichten.
- [ ] Es ist sinnvoll, zuerst alle Zugdaten herzurichten.

- [x] Man muss bei einem Rezept die Reihenfolge genau einhalten, sonst gelingt es nicht.
- [ ] Man muss bei einem Rezept die Reisenfolge genau einhalten, sonst gelingt es nicht.

- [ ] Mein Lieblingsessen ist Pizza mit Meeresfürchten.
- [x] Mein Lieblingsessen ist Pizza mit Meeresfrüchten.

3 Erkennst du die Buchstabengruppen, die gleich bleiben? Suche dir eine Farbe aus, um sie zu markieren.

Buch	Sack	Inhalt	Zepter	breit
suchen	backen	behalten	Rezept	zubereiten
Flucht	Acker	Haltestelle	akzeptieren	Reiter

4 Bist du ein guter Wörter-Entdecker?

Wie oft kommen die Wörter Äpfel, Apfelstücke und Teig im Text vor?

Als Zutaten benötige ich zwei Äpfel, Fertig-Blätterteig, Honig und Zimt.
Zuerst schäle ich die Äpfel und entferne die Kerngehäuse. Danach schneide ich die Äpfel in kleine Stücke und gebe sie in eine Schüssel. Anschließend füge ich Honig und Zimt hinzu. Dann rühre ich die Apfelstücke, den Honig und den Zimt um. Nun schütte ich die Füllung auf den Teig und verteile die Apfelstücke. Als Nächstes rolle ich den Teig mit den Apfelstücken auf. Danach klappe ich den Teig an den Seiten hoch und drücke die Ränder zusammen. Zuletzt backe ich den Apfelstrudel im Ofen 30 Minuten bei 200 Grad.

Äpfel 3 Apfelstücke 2 Teig 3

Frieda und Alex möchten das spanische Nationalgericht Paella ohne Fleisch kochen.

1 In welchen Büchern könnten sie nachsehen?

[x] [x] [ ] [x] [ ]

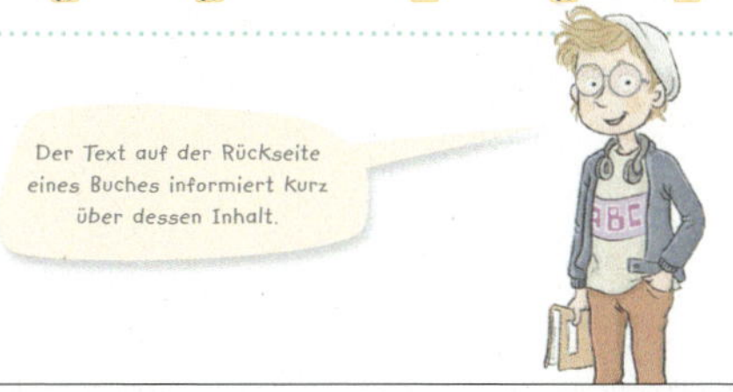

2 Sieh dir die Rückseitentexte und Inhaltsverzeichnisse an. Welche passen zu dem, was Frieda und Alex suchen?

[X]

[X]

[X]

[X]

3 Welches Rezept haben Frieda und Alex gesucht?

Rezepte aus aller Welt

Paella
150 g Reis
250 ml Gemüsebrühe
Safran
Salz
2 Zwiebeln
1 rote Paprika
1 grüne Paprika
100 g Hähnchenbrustfilet
300 g Miesmuscheln
150 g geschälte Garnelenschwänze
100 g Erbsen
50 g Mais
Pfeffer

[ ]

Kinderleicht kochen in Europa

Paella
120 g Reis
250 ml Gemüsebrühe
1 EL Olivenöl
1 Zwiebel
3 Zehen Knoblauch
1 rote Paprika
1 grüne Paprika
1 große Tomate
1 Tasse Erbsen
1 Tasse Artischockenherzen
1 TL Salz
1 EL Paprikapulver
1 TL Safran

[X]

4 Dieses Kochbuch nehmen Frieda und Alex.

Titel: Kinderleicht Kochen in Europa

Autor/Autorin: Eva Müller

1 Kannst du die Fragen zur Auswahl des passenden Kochbuches beantworten?

Warum nehmen Frieda und Alex nicht das Rezept aus dem Buch „Rezepte aus aller Welt"?

In dem Rezept Kommt Fleisch vor.

Wozu ist ein Inhaltsverzeichnis gut?

Es gibt einen Überblick über die Inhalte des Buches./
Man weiß dann, was in dem Buch vorKommt.

Nach welchen Bereichen sind die Rezepte in den beiden Inhaltsverzeichnissen geordnet?

Sie sind nach Speisen/Gerichten und nach Ländern geordnet.

Wo findet man außer in Büchern noch Rezepte?

Man findet sie in Zeitschriften und im Internet.

2 Findest du die richtige Reihenfolge des Rezepts heraus?

Vitamin-Smoothie

[3] Gib alle Zutaten in einen Mixer und püriere sie.

[5] Süße den Smoothie bei Bedarf zum Schluss mit Honig.

[1] Schäle das Obst.

[4] Füge so viel Traubensaft zu der pürierten Obstmischung, dass sie zähflüssig ist.

[2] Schneide die Äpfel, Bananen und Birnen klein.

3 Findest du die Wörter, die im Text auf den Seiten 54 bis 56 vorkommen? Kreise sie ein. Sie können vorwärts oder rückwärts versteckt sein und von oben nach unten.

K	Z	E	Z	E	R	W	R	A	N	E	Z	L	I	P	B	U	Ä	M
Ä	P	I	Z	Z	A	E	E	T	K	I	N	L	E	D	U	N	R	A
S	A	S	A	L	Z	L	I	T	P	E	Z	E	R	O	C	H	T	I
E	I	N	H	A	L	T	S	V	E	R	Z	E	I	C	H	N	I	S

Kriminalroman (K) Sachbuch (S)
Fantasieroman (F) Abenteuerroman (A)
Reiseführer (R) Märchenbuch (M)

4 **Aus welchen Büchern stammen die Textausschnitte?**

S Die Zitteraale sind ausschließlich in Südamerika zu Hause. Sie werden bis zu 2,5 Meter lang und wiegen bis zu 20 Kilogramm.

M Es war einmal ein Förster, der ging in den Wald auf die Jagd. Da hörte er ein Schreien.

K Die drei Spürnasen blieben wir erstarrt stehen. Was war das für ein Geräusch? Schlich der Einbrecher gerade um das Haus?

F Mit Lichtgeschwindigkeit raste das Raumschiff durch das All. Die Besatzung bereitete sich auf eine geheime Mission vor, nachdem die Tropedianer einen Notruf geschickt hatten.

R Die antiken Gebäude in der Altstadt sind eine Sehenswürdigkeit. Gleichzeitig kann man den feinen Sandstrand und das türkisblaue Meer genießen.

A Lissy galoppierte auf ihrem weißen Hengst durch die Schlucht. Sie war zu spät dran für das Treffen. Hoffentlich war die Gruppe noch nicht weitergezogen.

5 **Kannst du das Rätsel lösen?**

Das Kind mit der langen Hose nimmt kein Sachbuch. Sein Buch hat einen gelben Buchrücken.
Das Kind mit dem Halstuch liest ein Sachbuch. Die Vorderseite ist gelb. Es steht neben dem Buch mit der roten Vorderseite.
Das Sachbuch mit dem roten Buchrücken gehört dem Kind mit der Kappe.
Die Vorderseite des Kinderkrimis ist grün.
Das Buch mit dem roten Buchrücken hat eine blaue Vorderseite.
Das Kind mit dem gestreiften Pullover liest keinen Kinderkrimi und kein Sachbuch. Ihm gehört das Buch mit dem blauen Buchrücken und der roten Vorderseite.
Das Buch mit der gelben Vorderseite hat einen grünen Buchrücken.

Zu einem Thema recherchieren

1 **Kannst du die Silbenbögen zeichnen?**

GEWÄSSERBODEN WASSERPFLANZENTEILE
ENTENKÜKEN NAHRUNGSSUCHE
SCHNABELSPITZE NESTFLÜCHTER

2 **Findest du die richtigen Sätze?**

☒ Wo es Seen, Teiche, Flüsse oder Pfützen gibt, sieht und hört man oft die Stockenten.
☐ Wo es Seen, Teiche, Flüsse oder Pfützen gibt, stiehlt und hört man oft die Stockenten.

☐ Die Männchen quaken vom Herbst bis zum Frohjahr.
☒ Die Männchen quaken vom Herbst bis zum Frühjahr.

☒ Die Weibchen quaken das ganze Jahr über.
☐ Die Weichben quaken das ganze Jahr über.

☐ Die Entenküken sind Nestlichter.
☒ Die Entenküken sind Nestflüchter.

3 **Erkennst du die Buchstabengruppen, die gleich bleiben? Suche dir eine Farbe aus, um sie zu markieren.**

Schnabel	Tüte	Sprung	folgen	Ziege
Gabeln	brüten	Zunge	Erfolg	Spiegel
Bauchnabel	wütend	gelungen	Verfolgung	wiegen

4 **Bist du ein guter Wörter-Entdecker?**

Wie oft kommen die Wörter Jungtiere, Fell und Federn vor?

Lass einfach die Augen über den Text wandern, ohne genau zu lesen.

Nesthocker sind Jungtiere, die noch nicht vollständig entwickelt sind, wenn sie zur Welt kommen. Meistens sind sie am Anfang blind und haben noch kein Fell oder keine Federn. Die Jungtiere sind dann vollkommen abhängig von den Elterntieren. Sie hocken so lange im „Nest", bis sie voll entwickelt sind, oftmals auch in unterirdischen Bauen oder anderen guten Verstecken. Bei den Nestflüchtern kommen die Jungtiere mit Fell oder Federn zur Welt, die Augen sind gleich geöffnet und sie können laufen und so vor Feinden fliehen. Gleich nach der Geburt können sie der Mutter folgen. Zu den Nestflüchtern gehören die Entenküken.

Jungtiere 3 Fell 2 Federn 2

1 **Kannst du die Fragen zum Text „Die Stockente“ beantworten?**

Warum stecken die Stockenten ihren Kopf ins Wasser?

Sie suchen am Gewässerboden nach Nahrung.

Weshalb schnattern die Enten beim Fressen?

Beim Fressen im Wasser schnattern die Enten, weil sie ihren Schnabel schnell öffnen und schließen.

Der Schnabel der Stockenten funktioniert beim Fressen wie ein Sieb. Wie geht das?

Beim Öffnen ziehen sie mit der Zunge Wasser durch die Schnabelspitze in den Schnabel hinein. Immer wenn sich der Schnabel schließt, fließt das Wasser wie durch ein Sieb aus dem Schnabel heraus. Zurück bleiben kleine Wasserlebewesen und Teile von Wasserpflanzen.

Was ist der Spiegel einer Stockente?

Auf den Flügeln haben Stockenten ein blaues Feld. Man nennt es Spiegel.

2 **Richtig (r), falsch (f) oder nicht im Text enthalten (n)?**

	r	f	n
Die männlichen Enten sind die Erpel.	☐	☐	☒
Der Schwanz der Stockente heißt Bürzel.	☒	☐	☐
Stockenten können 10 bis 15 Jahre alt werden.	☒	☐	☐
Die Stockenten brüten im Wasser.	☐	☒	☐
Beim Schlafen stecken die Stockenten ihren Kopf in ihr Federkleid.	☐	☐	☒

3 **Verbinde die Satzteile passend zum Text.**

Die Entenküken sind Nestflüchter,	wenn sie während der Brutzeit nach Futter suchen.
Die Stockenten sind Gründelenten,	weil sie ihren Schnabel schnell öffnen und schließen.
Beim Fressen im Wasser schnattern die Enten,	denn sie können gleich nach dem Schlüpfen laufen und schwimmen.
Die Weibchen decken die Eier mit Daunen zu,	weil sie am Gewässerboden nach Nahrung suchen.

4 **Zu welchem Textabschnitt passt die jeweilige Überschrift am besten? Eine Überschrift gehört nicht dazu.**

- Aussehen → Abschnitt 3
- Nahrungssuche → Abschnitt 1
- Lebensraum → Abschnitt ☐
- Nachwuchs → Abschnitt 4
- Schnabel → Abschnitt 2

5 **Kannst du die fehlenden Wörter aus dem Text auf Seite 64/65 einsetzen?**

Stockenten gehen auch auf Wiesen und Feldern auf Nahrungssuche.

Abschnitt: 1

Stockenten brüten am Boden oder in niedrigen Bäumen.

Abschnitt: 4

Ihr Schnabel ist gelblich bis orange.

Abschnitt: 3

6 **Entdeckst du die Informationen im Text „Die Stockente“?**

Was Enten fressen, erfährst du im Abschnitt

☒ 1 ☐ 2 ☐ 3 ☐ 4

Von den Entenküken liest du im Abschnitt

☐ 1 ☐ 2 ☐ 3 ☒ 4

Über das Entenweibchen erfährst du etwas in den Abschnitten

☐ 1 und 4 ☐ 2 und 3 ☒ 3 und 4

Informationen zum Schnabel erhältst du in den Abschnitten

☐ 1 und 2 ☒ 2 und 3 ☐ 2 und 4

7 **Findest du heraus, was diese Wörter bedeuten?**

Du kannst in einem Wörterbuch oder Lexikon, in einem Sachbuch oder im Internet bei einer Suchmaschine für Kinder nachsehen.

Gelege: Ein Gelege sind die von einem Tier an einer Stelle abgelegten Eier.

Daune: Eine Daune ist eine kleine, zarte Feder mit weichem Kiel, die sich unter den Deckfedern der Vögel befindet.

8 **Kannst du das Rätsel lösen?**

Blix — Speedy

Farbe beliebig

Quak — Tüpfel

Die vier Enten heißen Speedy, Quak, Tüpfel und Blix.
Drei Enten haben einen gelben Kopf.
Die Enten links sind Blix und Quak.
Die beiden unteren Enten haben die gleiche Kopffarbe.
Blix und Speedy schwimmen über den beiden anderen Enten.
Speedys Körper ist rot. Sein Flügel hat die gleiche Farbe wie Tüpfels Kopf.
Tüpfels Kopf und sein Körper sind gelb.
Die Körperfarbe der Ente Blix beginnt mit den ersten beiden Buchstaben ihres Namens.
Speedys Kopf, Quaks Körper und Tüpfels Flügel sind grün.
Blix' Flügel und Speedys Körper haben die gleiche Farbe.
Für Quaks Flügel kannst du dir eine Farbe aussuchen.

1 **Kannst du die Stichwörter ergänzen?**

Steckbrief: **Die Stockente**

Aussehen

Federkleid: beige-braun gemustert, unscheinbar

Männchen in der Brutzeit: hellgrau mit brauner Brust und grün glänzendem Kopf

Flügel: mit einem blauen Spiegel

Schnabel: gelblich bis orange

Größe: bis zu 56 cm lang

Gewicht: zwischen 700 und 1500 Gramm

Nahrung: Wasserpflanzen, Insekten, Würmer, Schnecken, Gras, Samen, Beeren

Nestbau: am Boden oder in niedrigen Bäumen, offenes Nest aus großen Halmen, innen mit den Daunen des Weibchens ausgepolstert

Entenküken: Nestflüchter, können gleich nach dem Schlüpfen laufen und schwimmen, werden von der Mutter geführt und bewacht

Ein Steckbrief wird nur mit Stichwörtern geschrieben.

Eine eigene Meinung bilden

1 **Kannst du die Silbenbögen zeichnen?**

SCHULTASCHE BESCHRIFTUNGEN
SOMMERFERIEN GLITZERSTERNE
UMHÄNGETASCHE KLASSENZIMMER
UNTERRICHTSFÄCHER

2 **Findest du die richtigen Sätze?**

- [ ] Nach den Sommerferien beginnt eine neue Schutzeil.
- [x] Nach den Sommerferien beginnt eine neue Schulzeit.

- [ ] An manschen Schulen gab es Informationsnachmittage.
- [x] An manchen Schulen gab es Informationsnachmittage.

- [x] In der fünften Klasse gibt es viele neue Unterrichtsfächer.
- [ ] In der füftnen Klasse gibt es viele neue Unterrichtsfächer.

- [x] Viele Kinder wünschen sich eine neue Schultasche.
- [ ] Viele Kinder wünschen sich eine neue Schullasche.

3 **Erkennst du die Buchstabengruppen, die gleich bleiben? Suche dir eine Farbe aus, um sie zu markieren.**

schwer	hängen	Lift	Bilder	Fass
werden	Klänge	Stifte	Abbildung	lassen
bewerten	Fänger	beschriften	vorbildlich	passend

4 **Bist du ein guter Wörter-Entdecker?**

Wie oft kommt das Wort **Schule** im Text vor?
Wie oft kommt das Wort **Grundschule** im Text vor?

Bald ist es so weit. In vier Wochen gehen Frieda, Alex und Konrad das letzte Mal in die Grundschule. Nach den Sommerferien kommen sie in die neue Schule. Wie es dort wohl sein wird? Letzte Woche fand in der neuen Schule ein Informationsnachmittag mit einer Rallye durch das Schulgebäude statt. So haben sie die neue Schule schon ein bisschen kennengelernt. Die vier Jahre in der Grundschule waren sehr schön. Ihre Klassenlehrerin war streng, aber auch nett und oft lustig. Sie hat ihnen gesagt, dass es wichtig ist, weiterzugehen, die Schule zu wechseln und Neues zu lernen. Alle Kinder dürfen sie aber gerne in der Grundschule besuchen.

Schule 4 Grundschule 3

Eine eigene Meinung bilden

1 Kannst du die Fragen zu den Meinungen auf Seite 74 beantworten?

Welche Kinder möchten eine coole Schultasche?

Frieda und Noel möchten eine coole Schultasche.

Warum will Gülden keinen Schulrucksack?

Sie will keinen Schulrucksack, weil die Ecken von den großen Heften darin umknicken.

In der neuen Schule gibt es viele Treppen. Welche Schultasche ist dafür nicht so gut geeignet und warum nicht?

Der Rucksack-Trolley ist nicht so gut geeignet, weil man ihn nicht über Treppen rollen kann.

Was meinst du? Warum ist es vielen Viertklässlern wichtig, für die neue Schule eine neue Schultasche zu bekommen?

Mögliche Lösungsbeispiele: Es ist ihnen wichtig, weil sie größer und älter geworden sind./weil jetzt ein neuer Abschnitt ihrer Schulzeit beginnt.

Lösungen ab S. 77

→ S. 77

2 Kannst du dich in Frieda und Alex hineinversetzen? Verbinde die Gedanken mit den Kindern.

Frieda:
Bestimmt gibt es viele nette Mitschüler.
Es gibt viele neue Fächer, das wird interessant!
Ich bin gespannt auf meine neuen Lehrer.

Alex:
Ich muss dann mit dem Bus zur Schule und zurückfahren. Ich bin mir nicht sicher, ob ich in den richtigen Bus steige.
Hoffentlich komme ich mit den neuen Mitschülern klar.
Ich weiß nicht, ob ich mein Klassenzimmer finde, weil die neue Schule so groß ist.

→ S. 78

3 Welche Gedanken gehen dir durch den Kopf, wenn du an das nächste Schuljahr denkst?

(eigene Lösung)

4 Welche Piktogramme gibt es in Schulhäusern oder könnte es dort geben? Kreise sie ein.

→ S. 79

5 Kannst du das Rätsel lösen?

Name	Lea	Carla	Mehmet	Tim
Alter	12	11	10	10
Straße	Finkenstraße	Steinstraße	Krokusstraße	Schillerstraße
Lieblingsfach	Mathematik	Sport	Englisch	Kunst

→ S. 80 und 81

(eigene Lösung)

→ S. 83

1 Wie hätte Lars sonst noch befreit werden können? Hast du eine Idee?

Mögliche Lösungen: Brett von der Holzwand abschrauben, Sand unter Lars mit Wasser wegspülen

→ S. 84

1 Findest du die richtigen Textstellen? Nimm für jede W-Frage eine andere Farbe und unterstreiche die Antwort im Text.

1. **Wer** ist im Urlaub?
2. **Wann** ist die Familie im Urlaub?
3. **Wo** verbringen sie ihren Urlaub?
4. **Was** machen Tina und Lars auf dem Spielplatz?
5. **Wie** wird Lars befreit?
6. **Warum** bekommt jedes Kind ein Eis

(Unterstreichungen im Text unten)

Gefangen auf dem Campingplatz

Tina und Lars machen in den Sommerferien mit ihren Eltern Urlaub auf einem Campingplatz am Meer. Die beiden sind am Strand des Campingplatzes bei dem tollen Spielplatz mit Klettergerüst, Schaukeln und Piratenschiff und spielen mit den anderen Kindern Fangen. Mit lautem Geschrei läuft Tina Lars hinterher. Kurz bevor sie ihn hat, entwischt er ihr, indem er auf den Sandboden hechtet und durch den Spalt unter der Holzwand des Klettergerüstes robbt. Doch plötzlich geht es nicht mehr weiter. Tina lacht und schlägt ihn ab. Sie ruft: „Du bist es! Komm raus!" Aber Lars steckt fest, da hilft es auch nicht, dass er hin- und herruckelt, um freizukommen. Lars schreit panisch: „Los, hol Mama und Papa von unserem Platz! Beeil dich!" Inzwischen haben die anderen Kinder bemerkt, was passiert ist. Sie gehen zu Lars und versuchen, ihn an den Beinen herauszuziehen, doch Lars brüllt: „Au, au, das tut weh! Hört auf!" Alle stecken die Köpfe zusammen und überlegen, wie es weitergehen könnte. Ein Vater meint: „Ich hole den Hausmeister, er hat eine Säge." Darauf heult Lars verzweifelt: „Keine Säge! Ich will nicht auseinandergesägt werden." Eine Mutter schlägt vor: „Ich habe hier Sonnencreme. Mit der schmieren wir ihn ein, dann wird er schön glitschig und wir können ihn herausziehen." Das funktioniert aber auch nicht, weil zwischen Lars' Rücken und der Holzwand kein Millimeter Platz ist. Inzwischen ist Tina mit ihren Eltern zurück, die das Ganze sehr lustig finden und schon die rettende Idee haben. Sie bitten alle Kinder auf dem Spielplatz: „Kinder, seid so lieb und holt eure Sandschaufeln. Dann buddelt unter Lars den Sand weg, sodass nach oben Platz entsteht." Eifrig machen sich alle Kinder ans Werk und Lars beruhigt sich langsam wieder. Nach kurzer Zeit ist er befreit und kriecht unter der Holzwand hervor. Erleichtert wirft er sich seinen Eltern in die Arme und kann jetzt selbst über sein Missgeschick lachen. Zur Belohnung für die Hilfe bekommt jedes Kind am Strandkiosk ein Eis spendiert.

Urlaub
Spielplatz
Fangen
Lars robbt unter Holzwand
steckt fest
Tina holt Eltern
an Beinen herausziehen
Säge
mit Sonnencreme einschmieren
funktioniert alles nicht
Tina mit Eltern zurück
rettende Idee
Kinder buddeln Lars frei
Eis für Hilfe

1 Kannst du die Geschichte in Abschnitte einteilen, die zu den Handlungsschritten am besten passen? Gib für den jeweiligen Abschnitt die Zeilen zu den Überschriften an.

Die rettende Idee → Zeilen 28 bis 37
Tina und Lars spielen Fangen → Zeilen 1 bis 12
Befreiungsversuche ohne Erfolg → Zeilen 15 bis 28
Lars steckt fest → Zeilen 12 bis 15

→ S. 85

1 Stell dir vor, du bist Lars oder Tina. Du erzählst das Erlebnis nach den Ferien deiner Klasse. Markiere im Text Stellen, die für deinen Vortrag wichtig sind.

(Mögliche Markierung der Textstellen wie links im Text)

2 Notiere dir zu den markierten Stellen Stichwörter als Merkhilfe neben dem Text auf Seite 82 und 83.

(Mögliche Stichwörter wie neben dem Text)

1 Was haben die beiden Texte gemeinsam?

[X] Es geht um Urlaub auf dem Campingplatz.
[ ] Es werden spannende Geschichten erzählt.
[X] Auf dem Campingplatz gibt es einen Sandstrand und einen Spielplatz.
[ ] Die Kinder können den Kids-Club besuchen.

→ S. 86

1 Welche Bücher könnten ihnen gefallen? Schreibe L für Lars und T für Tina in die Kästchen. Manchmal passen beide Buchstaben.

(L) Silke Haub: Spaß auf vier Pfoten
( ) Thomas Leister: Campingplätze in den Bergen
(T) Silvia Marini: Einmal Abenteuer gebucht
(L, T) Carina Seller: Unser Zelt kann fliegen
(L, T) Sören Sund: Fortuna das Glückspferd

2 Lies die Rückseitentexte. Welches Buch wird Tina ausleihen, welches Lars?

Fortuna das Glückspferd T
Unser Zelt kann fliegen L

→ S. 87

1 Fällt dir eine Frage zu Camping ein?

(eigene Lösung)

Du kannst auch zu dieser Frage recherchieren:

Bedeutet Camping immer, in einem Zelt zu übernachten?
Nein, beim Camping übernachten Urlauber auch in Wohnwagen, in Wohnmobilen oder unter freiem Himmel. Manchmal gibt es auch Mobile Homes oder Hütten zum Wohnen.

→ S. 88

(eigene Lösung)

3 **Erkennst du die Buchstabengruppen, die gleich bleiben? Suche dir eine Farbe aus, um sie zu markieren.**

Loch	kühn	Kappe	Tür	Sache
Knochen	Bühne	plappern	Türme	lachen
kochen	Hühner	schnappen	natürlich	Stachel

4 **Bist du ein guter Wörter-Entdecker?**

Wie oft kommen die Wörter Fabel, Menschen und Tiere im Text vor?

Eine Fabel ist eine kurze Geschichte. Die „Personen" sind häufig Tiere, die aber menschliche Eigenschaften haben. Die Tiere sprechen, fühlen, handeln oder denken wie wir Menschen. Oft kommt es zwischen den Tieren zu einem Gespräch. Aus Fabeln sollen Menschen lernen, wie man sich richtig verhält. Der Mensch soll die Lehre in einer Fabel selbst erkennen. Manchmal steht die Lehre am Schluss der Fabel. In vielen Fabeln kommen die gleichen Tiere vor, mit ihren typischen Eigenschaften, wie zum Beispiel der schlaue Fuchs oder der schnelle Hase.

Fabel ______ Menschen ______ Tiere ______

Fabel A: Die fetten und die mageren Hühner

Auf einem Bauernhof gab es zwölf Hühner. Einige waren fett und einige mager. Die fetten Hühner lachten die mageren immer aus und riefen Schimpfnamen hinter ihnen her: „Ihr Klappergestelle! Ihr zaundürren Mistkratzer! Ihr Haut-und-Knochen-Piepser!“
Eines Tages wollte die Köchin zu Mittag Hähnchen braten.
Sie kam auf den Hof – und wen schnappte sie sich wohl?
Natürlich alle fetten Hühner. Jetzt konnten die mageren lachen.
nach Äsop

Fabel B: Der Hund und der Knochen

Ein Hund trabte über die Brücke mit einem großen Knochen im Maul. Als er ins Wasser hinuntersah, erblickte er einen anderen Hund, der auch einen Knochen im Maul hielt – einen noch größeren, wie ihm schien.
Sofort sprang er ins Wasser, schnappte nach dem größeren Knochen und ließ dabei seinen eigenen los. Aber was war das? Da war kein zweiter Hund mit Knochen – nur noch ein einziger patschnasser Hund ohne Knochen.
nach Äsop

1 Weißt du, was alle Fabeln gemeinsam haben?

- ☐ Es kommen Tiere statt Menschen vor.
- ☐ Aus Fabeln sollen wir Menschen etwas lernen.
- ☐ Es sind lustige Tiergeschichten.
- ☐ Jede Fabel hat eine Lehre.

2 Findest du die Unterschiede der beiden Fabeln heraus?

	Die fetten und die mageren Hühner	Der Hund und der Knochen
Tiere		
Darum geht es		
Lehre		

1 Kannst du die Fragen zu den Fabeln auf Seite 46 beantworten?

Warum schnappte die Köchin sich die fetten Hühner?

Kinder verhalten sich auch manchmal wie die Hühner in Fabel A. Welches Beispiel fällt dir dazu ein?

Wen hat der Hund gesehen?

Wieso war der Knochen weg?

2 **Welche Fabel gefällt dir besser? Begründe.**

Mir gefällt Fabel ☐ besser, weil

____

____

3 **Welche Wörter würden auch passen? Es können mehrere Bedeutungen stimmen.**

Fabel A:

Einige waren fett und einige mager.

fett: ☐ voll ☐ dick ☐ schwer

mager: ☐ dünn ☐ schwach ☐ dürr

Fabel B:

Als er ins Wasser hinuntersah, erblickte er einen anderen Hund, der auch einen Knochen im Maul hielt – einen noch größeren, wie ihm schien.

wie ihm schien: ☐ wie er träumte ☐ wie er dachte
☐ wie es ihm vorkam ☐ wie er meinte

4 **Kannst du das Bild fertigstellen?**

Das größere weiße Huhn pickt gerade nach einem Wurm.
Das kleinere Huhn hat braune Federn.
Der Hund ist schwarz-weiß gefleckt. Er hat einen großen Knochen im Maul.
Der Fuchs besitzt ein oranges Fell, eine weiße Schnauze und vier weiße Pfoten. Seine Schwanzspitze ist schwarz.
Der Schnabel und die Beine des Storches sind rot und seine Flügel schwarz.
Zwischen dem Storch und dem Fuchs stehen eine hohe grüne Flasche und ein Teller mit Suppe.

Der Fuchs und der Storch

Eines Tages lud ein Fuchs einen Storch zum Essen ein. Er servierte ihm eine köstliche Suppe in einem Suppenteller. „Greif zu“, sagte der Fuchs hinterlistig. Der Storch versuchte erfolglos mit seinem langen Schnabel etwas von der Suppe zu essen. Der Fuchs fragte scheinheilig: „Schmeckt es dir nicht?“ „Ich habe keinen Hunger, lieber Fuchs. Aber komm doch du morgen zu mir zum Essen“, antwortete der Storch.
Am nächsten Tag servierte der Storch dem Fuchs ein köstlich duftendes Essen in einer hohen Flasche. Dem Fuchs lief das Wasser im Maul zusammen, er kam aber nicht an das Essen heran. Der Storch fragte: „Mein lieber Fuchs, hast du keinen Hunger?“ Dann ließ er sich das Essen mit seinem spitzen, langen Schnabel schmecken. Der Fuchs aber machte sich hungrig davon.

nach Äsop

1 Kannst du die Fabel als Geschichte in der Ich-Form aufschreiben?

Eines Tages überlegte ich mir, wie ich den Storch ärgern könnte. Da hatte ich eine Idee: ...

Das passende Buch auswählen

1 Kannst du die Silbenbögen zeichnen?

KINDERBACKBUCH KRIMINALROMAN

REISEFÜHRER INHALTSVERZEICHNIS

ARTISCHOCKENHERZEN GARNELENSCHWÄNZE

2 Findest du die richtigen Sätze?

- ☐ Den meisten Kindern macht es Spaß zu kocken.
- ☐ Den meisten Kindern macht es Spaß zu kochen.

- ☐ Es ist sinnvoll, zuerst alle Zutaten herzurichten.
- ☐ Es ist sinnvoll, zuerst alle Zugdaten herzurichten.

- ☐ Man muss bei einem Rezept die Reihenfolge genau einhalten, sonst gelingt es nicht.
- ☐ Man muss bei einem Rezept die Reisenfolge genau einhalten, sonst gelingt es nicht.

- ☐ Mein Lieblingsessen ist Pizza mit Meeresfürchten.
- ☐ Mein Lieblingsessen ist Pizza mit Meeresfrüchten.

3 **Erkennst du die Buchstabengruppen, die gleich bleiben? Suche dir eine Farbe aus, um sie zu markieren.**

Buch	Sack	Inhalt	Zepter	breit
suchen	backen	behalten	Rezept	zubereiten
Flucht	Acker	Haltestelle	akzeptieren	Reiter

4 **Bist du ein guter Wörter-Entdecker?**

Wie oft kommen die Wörter Äpfel, Apfelstücke und Teig im Text vor?

Als Zutaten benötige ich zwei Äpfel, Fertig-Blätterteig, Honig und Zimt.
Zuerst schäle ich die Äpfel und entferne die Kerngehäuse. Danach schneide ich die Äpfel in kleine Stücke und gebe sie in eine Schüssel. Anschließend füge ich Honig und Zimt hinzu. Dann rühre ich die Apfelstücke, den Honig und den Zimt um. Nun schütte ich die Füllung auf den Teig und verteile die Apfelstücke. Als Nächstes rolle ich den Teig mit den Apfelstücken auf. Danach klappe ich den Teig an den Seiten hoch und drücke die Ränder zusammen. Zuletzt backe ich den Apfelstrudel im Ofen 30 Minuten bei 200 Grad.

Äpfel ______ Apfelstücke ______ Teig ______

Das passende Buch auswählen

Frieda und Alex möchten das spanische Nationalgericht Paella ohne Fleisch kochen.

1 In welchen Büchern könnten sie nachsehen?

☐ ☐ ☐ ☐ ☐

Der Text auf der Rückseite eines Buches informiert kurz über dessen Inhalt.

2 **Sieh dir die Rückseitentexte und Inhaltsverzeichnisse an. Welche passen zu dem, was Frieda und Alex suchen?**

Kinderleicht kochen in Europa

Dieses Kochbuch für Kinder enthält viele leckere Koch- und Backrezepte, die besonders leicht zuzubereiten sind. Anschauliche Schritt-für-Schritt-Bilder helfen euch.

☐

Rezepte aus aller Welt

In diesem Buch findet ihr Rezepte, die sich besonders leicht nachkochen lassen. Diese Sammlung einfacher und typischer Nationalgerichte haben Kinder mit ihren Familien zusammengestellt.

☐

Kinderleicht kochen in Europa

Kochen für Kinder	6
Gemüse, Salate, Pilze	10
Kleine Gerichte	12
Eier und Käse	24
Nudeln, Pizza	40

☐

Rezepte aus aller Welt

Deutschland	12
Frankreich	18
Griechenland	24
Italien	32
Spanien	40

☐

3 Welches Rezept haben Frieda und Alex gesucht?

Rezepte aus aller Welt

Paella

150 g Reis
250 ml Gemüsebrühe
Safran
Salz
2 Zwiebeln
1 rote Paprika
1 grüne Paprika
100 g Hähnchenbrustfilet
300 g Miesmuscheln
150 g geschälte Garnelenschwänze
100 g Erbsen
50 g Mais
Pfeffer

☐

Kinderleicht kochen in Europa

Paella

120 g Reis
250 ml Gemüsebrühe
1 EL Olivenöl
1 Zwiebel
3 Zehen Knoblauch
1 rote Paprika
1 grüne Paprika
1 große Tomate
1 Tasse Erbsen
1 Tasse Artischockenherzen
1 TL Salz
1 EL Paprikapulver
1 TL Safran

☐

....

4 Dieses Kochbuch nehmen Frieda und Alex.

Titel: ______________________________

Autor/Autorin: ______________________________

....

1 Kannst du die Fragen zur Auswahl des passenden Kochbuches beantworten?

Warum nehmen Frieda und Alex nicht das Rezept aus dem Buch „Rezepte aus aller Welt"?

Wozu ist ein Inhaltsverzeichnis gut?

Nach welchen Bereichen sind die Rezepte in den beiden Inhaltsverzeichnissen geordnet?

Wo findet man außer in Büchern noch Rezepte?

2 **Findest du die richtige Reihenfolge des Rezepts heraus?**

Vitamin-Smoothie

- ☐ Gib alle Zutaten in einen Mixer und püriere sie.
- ☐ Süße den Smoothie bei Bedarf zum Schluss mit Honig.
- ☐ Schäle das Obst.
- ☐ Füge so viel Traubensaft zu der pürierten Obstmischung, dass sie zähflüssig ist.
- ☐ Schneide die Äpfel, Bananen und Birnen klein.

3 **Findest du die Wörter, die im Text auf den Seiten 54 bis 56 vorkommen? Kreise sie ein. Sie können vorwärts oder rückwärts versteckt sein und von oben nach unten.**

K	Z	E	Z	E	R	W	R	A	N	E	Z	L	I	P	B	U	Ä	M
Ä	P	I	Z	Z	A	E	E	T	K	I	N	L	E	D	U	N	R	A
S	A	S	A	L	Z	L	I	T	P	E	Z	E	R	O	C	H	T	I
E	I	N	H	A	L	T	S	V	E	R	Z	E	I	C	H	N	I	S

Kriminalroman (K) Sachbuch (S)
Fantasieroman (F) Abenteuerroman (A)
Reiseführer (R) Märchenbuch (M)

4 **Aus welchen Büchern stammen die Textausschnitte?**

☐ Die Zitteraale sind ausschließlich in Südamerika zu Hause. Sie werden bis zu 2,5 Meter lang und wiegen bis zu 20 Kilogramm.

☐ Es war einmal ein Förster, der ging in den Wald auf die Jagd. Da hörte er ein Schreien.

☐ Die drei Spürnasen blieben wir erstarrt stehen. Was war das für ein Geräusch? Schlich der Einbrecher gerade um das Haus?

☐ Mit Lichtgeschwindigkeit raste das Raumschiff durch das All. Die Besatzung bereitete sich auf eine geheime Mission vor, nachdem die Tropedianer einen Notruf geschickt hatten.

☐ Die antiken Gebäude in der Altstadt sind eine Sehenswürdigkeit. Gleichzeitig kann man den feinen Sandstrand und das türkisblaue Meer genießen.

☐ Lissy galoppierte auf ihrem weißen Hengst durch die Schlucht. Sie war zu spät dran für das Treffen. Hoffentlich war die Gruppe noch nicht weitergezogen.

5 Kannst du das Rätsel lösen?

Das Kind mit der langen Hose nimmt kein Sachbuch. Sein Buch hat einen gelben Buchrücken.
Das Kind mit dem Halstuch liest ein Sachbuch. Die Vorderseite ist gelb. Es steht neben dem Buch mit der roten Vorderseite.
Das Sachbuch mit dem roten Buchrücken gehört dem Kind mit der Kappe.
Die Vorderseite des Kinderkrimis ist grün.
Das Buch mit dem roten Buchrücken hat eine blaue Vorderseite.
Das Kind mit dem gestreiften Pullover liest keinen Kinderkrimi und kein Sachbuch. Ihm gehört das Buch mit dem blauen Buchrücken und der roten Vorderseite.
Das Buch mit der gelben Vorderseite hat einen grünen Buchrücken.

1 **Welche Bücher hast du im letzten Jahr besonders gerne gelesen?**

____

____

2 **Welches Buch empfiehlst du deinen Mitschülern?**

Titel: ____________________

Autor/Autorin: ____________________

Dieses Buch empfehle ich, weil ____________________

____

____

3 **So schätze ich mich selbst ein:**

	ja	nein	manchmal
Ich lese gern.	☐	☐	☐
Ich leihe mir regelmäßig Bücher aus.	☐	☐	☐
Ich lese am liebsten spannende Bücher.	☐	☐	☐
Ich lese am liebsten Sachtexte.	☐	☐	☐
Ich mag es, wenn mir jemand etwas vorliest.	☐	☐	☐

Zu einem Thema recherchieren

1 **Kannst du die Silbenbögen zeichnen?**

GEWÄSSERBODEN WASSERPFLANZENTEILE

ENTENKÜKEN NAHRUNGSSUCHE

SCHNABELSPITZE NESTFLÜCHTER

2 **Findest du die richtigen Sätze?**

☐ Wo es Seen, Teiche, Flüsse oder Pfützen gibt, sieht und hört man oft die Stockenten.

☐ Wo es Seen, Teiche, Flüsse oder Pfützen gibt, stiehlt und hört man oft die Stockenten.

☐ Die Männchen quaken vom Herbst bis zum Frohjahr.

☐ Die Männchen quaken vom Herbst bis zum Frühjahr.

☐ Die Weibchen quaken das ganze Jahr über.

☐ Die Weichben quaken das ganze Jahr über.

☐ Die Entenküken sind Nestlichter.

☐ Die Entenküken sind Nestflüchter.

3 **Erkennst du die Buchstabengruppen, die gleich bleiben? Suche dir eine Farbe aus, um sie zu markieren.**

Schnabel	Tüte	Sprung	folgen	Ziege
Gabeln	brüten	Zunge	Erfolg	Spiegel
Bauchnabel	wütend	gelungen	Verfolgung	wiegen

4 **Bist du ein guter Wörter-Entdecker?**

Wie oft kommen die Wörter Jungtiere, Fell und Federn vor?

Nesthocker sind Jungtiere, die noch nicht vollständig entwickelt sind, wenn sie zur Welt kommen. Meistens sind sie am Anfang blind und haben noch kein Fell oder keine Federn. Die Jungtiere sind dann vollkommen abhängig von den Elterntieren. Sie hocken so lange im „Nest“, bis sie voll entwickelt sind, oftmals auch in unterirdischen Bauen oder anderen guten Verstecken. Bei den Nestflüchtern kommen die Jungtiere mit Fell oder Federn zur Welt, die Augen sind gleich geöffnet und sie können laufen und so vor Feinden fliehen. Gleich nach der Geburt können sie der Mutter folgen. Zu den Nestflüchtern gehören die Entenküken.

Jungtiere ______ Fell ______ Federn ______

Die Stockente

1 Stockenten sind Gründelenten. Sie suchen am Gewässerboden nach Nahrung und stecken dazu den Kopf so weit unter Wasser, dass nur noch der Schwanz, auch Bürzel genannt, zu sehen ist. Sie fressen Wasserpflanzen, Insekten, Würmer und Schnecken, aber auch Gras, Samen und Beeren. Stockenten gehen auch auf Wiesen und Feldern auf Nahrungssuche.

2 Wenn Enten im Wasser fressen, schnattern sie, weil sie ihren Schnabel schnell öffnen und schließen. Beim Öffnen ziehen sie mit der Zunge Wasser durch die Schnabelspitze in den Schnabel hinein. Immer wenn sich der Schnabel schließt, fließt das Wasser wie durch ein Sieb aus dem Schnabel heraus. Zurück bleiben kleine Wasserlebewesen und Teile von Wasserpflanzen.

3 Das Weibchen ist braun gemustert. So ist es beim Bebrüten der Eier gut getarnt. In der Brutzeit sind die Federn des Männchens hellgrau mit brauner Brust und grün glänzendem Kopf. Außerhalb der Brutzeit tragen auch die Männchen ein unscheinbares Federkleid. Sie sind dann ebenfalls beige-braun. Auf den Flügeln haben Stockenten ein blaues Feld. Man nennt es Spiegel. Ihr Schnabel ist gelblich bis orange. Stockenten sind die größten bei uns lebenden Enten: Sie werden bis zu 56 cm lang und wiegen zwischen 700 und 1500 Gramm. Stockenten können 10 bis 15 Jahre alt werden.

4 Stockenten brüten am Boden oder in niedrigen Bäumen. Sie bauen ein offenes Nest aus großen Halmen, das innen mit den Daunen des Weibchens ausgepolstert wird. Wenn die Ente das Nest zum Futtersuchen verlässt, deckt sie das Gelege mit den Daunenfedern zu. Die Entenküken sind Nestflüchter, sie können gleich nach dem Schlüpfen laufen und schwimmen und werden dann von der Mutter geführt und bewacht.

Oft gibt es zu einem Thema noch mehr oder ausführlichere Informationen.

1 Fällt dir eine Frage zur Stockente ein, die du recherchieren kannst?

Meine Frage: ______________________________

____

Antwort: ______________________________

____

____

Dieses Sachbuch/diese Internetadresse habe ich verwendet:

____

1 Kannst du die Fragen zum Text „Die Stockente“ beantworten?

Warum stecken die Stockenten ihren Kopf ins Wasser?

Weshalb schnattern die Enten beim Fressen?

Der Schnabel der Stockenten funktioniert beim Fressen wie ein Sieb. Wie geht das?

Was ist der Spiegel einer Stockente?

2 Richtig (r), falsch (f) oder nicht im Text enthalten (n)?

	r	f	n
Die männlichen Enten sind die Erpel.	☐	☐	☐
Der Schwanz der Stockente heißt Bürzel.	☐	☐	☐
Stockenten können 10 bis 15 Jahre alt werden.	☐	☐	☐
Die Stockenten brüten im Wasser.	☐	☐	☐
Beim Schlafen stecken die Stockenten ihren Kopf in ihr Federkleid.	☐	☐	☐

3 Verbinde die Satzteile passend zum Text.

Die Entenküken sind Nestflüchter,	wenn sie während der Brutzeit nach Futter suchen.
Die Stockenten sind Gründelenten,	weil sie ihren Schnabel schnell öffnen und schließen.
Beim Fressen im Wasser schnattern die Enten,	denn sie können gleich nach dem Schlüpfen laufen und schwimmen.
Die Weibchen decken die Eier mit Daunen zu,	weil sie am Gewässerboden nach Nahrung suchen.

4 **Zu welchem Textabschnitt passt die jeweilige Überschrift am besten? Eine Überschrift gehört nicht dazu.**

Aussehen → Abschnitt ☐

Nahrungssuche → Abschnitt ☐

Lebensraum → Abschnitt ☐

Nachwuchs → Abschnitt ☐

Schnabel → Abschnitt ☐

5 **Kannst du die fehlenden Wörter aus dem Text auf Seite 64/65 einsetzen?**

Stockenten gehen auch ______________________

auf Nahrungssuche.

Abschnitt: ______

Stockenten brüten am Boden oder ______________________

Abschnitt: ______

Ihr Schnabel ist ______________________

Abschnitt: ______

6 Entdeckst du die Informationen im Text „Die Stockente"?

Was Enten fressen, erfährst du im Abschnitt

☐ 1 ☐ 2 ☐ 3 ☐ 4

Von den Entenküken liest du im Abschnitt

☐ 1 ☐ 2 ☐ 3 ☐ 4

Über das Entenweibchen erfährst du etwas in den Abschnitten

☐ 1 und 4 ☐ 2 und 3 ☐ 3 und 4

Informationen zum Schnabel erhältst du in den Abschnitten

☐ 1 und 2 ☐ 2 und 3 ☐ 2 und 4

7 Findest du heraus, was diese Wörter bedeuten?

Du kannst in einem Wörterbuch oder Lexikon, in einem Sachbuch oder im Internet bei einer Suchmaschine für Kinder nachsehen.

Gelege: ____________________

____

Daune: ____________________

____

8 Kannst du das Rätsel lösen?

Die vier Enten heißen Speedy, Quak, Tüpfel und Blix.
Drei Enten haben einen gelben Kopf.
Die Enten links sind Blix und Quak.
Die beiden unteren Enten haben die gleiche Kopffarbe.
Blix und Speedy schwimmen über den beiden anderen Enten.
Speedys Körper ist rot. Sein Flügel hat die gleiche Farbe wie Tüpfels Kopf.
Tüpfels Kopf und sein Körper sind gelb.
Die Körperfarbe der Ente Blix beginnt mit den ersten beiden Buchstaben ihres Namens.
Speedys Kopf, Quaks Körper und Tüpfels Flügel sind grün.
Blix' Flügel und Speedys Körper haben die gleiche Farbe.
Für Quaks Flügel kannst du dir eine Farbe aussuchen.

1 Kannst du die Stichwörter ergänzen?

Steckbrief: **Die Stockente**

Aussehen

Federkleid:

Männchen in der Brutzeit:

Flügel:

Schnabel:

Größe:

Gewicht:

Nahrung:

Nestbau:

Entenküken:

Eine eigene Meinung bilden

1 Kannst du die Silbenbögen zeichnen?

SCHULTASCHE BESCHRIFTUNGEN

SOMMERFERIEN GLITZERSTERNE

UMHÄNGETASCHE KLASSENZIMMER

UNTERRICHTSFÄCHER

2 Findest du die richtigen Sätze?

- [ ] Nach den Sommerferien beginnt eine neue Schutzeil.
- [ ] Nach den Sommerferien beginnt eine neue Schulzeit.

- [ ] An manschen Schulen gab es Informationsnachmittage.
- [ ] An manchen Schulen gab es Informationsnachmittage.

- [ ] In der fünften Klasse gibt es viele neue Unterrichtsfächer.
- [ ] In der füftnen Klasse gibt es viele neue Unterrichtsfächer.

- [ ] Viele Kinder wünschen sich eine neue Schultasche.
- [ ] Viele Kinder wünschen sich eine neue Schullasche.

3 Erkennst du die Buchstabengruppen, die gleich bleiben? Suche dir eine Farbe aus, um sie zu markieren.

schwer	hängen	Lift	Bilder	Fass
werden	Klänge	Stifte	Abbildung	lassen
bewerten	Fänger	beschriften	vorbildlich	passend

4 Bist du ein guter Wörter-Entdecker?

Wie oft kommt das Wort **Schule** im Text vor?
Wie oft kommt das Wort **Grundschule** im Text vor?

Bald ist es so weit. In vier Wochen gehen Frieda, Alex und Konrad das letzte Mal in die Grundschule. Nach den Sommerferien kommen sie in die neue Schule. Wie es dort wohl sein wird? Letzte Woche fand in der neuen Schule ein Informationsnachmittag mit einer Rallye durch das Schulgebäude statt. So haben sie die neue Schule schon ein bisschen kennengelernt. Die vier Jahre in der Grundschule waren sehr schön. Ihre Klassenlehrerin war streng, aber auch nett und oft lustig. Sie hat ihnen gesagt, dass es wichtig ist, weiterzugehen, die Schule zu wechseln und Neues zu lernen. Alle Kinder dürfen sie aber gerne in der Grundschule besuchen.

Schule ______ Grundschule ______

Meine neue Schultasche

Frieda

Ich habe mich beim „Sprayday" angemeldet. Das ist voll cool! Auf meine Schultasche wird eine Vorlage geklebt und dann wird sie mit Farben besprüht. Ich lasse meinen Namen aufsprayen. Anschließend kann ich selbst alles trocken föhnen.

Konrad

Abbildungen und Beschriftungen sind kindisch. Ich brauche eine Umhängetasche, in die nicht nur die Schulbücher, sondern auch ein Laptop hineinpasst.

Alex

Ich möchte gern einen Rucksack-Trolley haben. Dann muss ich den Schulrucksack nicht herumschleppen, der ist mir immer zu schwer.

Noel

Ich nehme auf jeden Fall eine Schultasche von einer coolen Marke. Sie muss unbedingt schwarz sein und die Marke muss gut sichtbar sein.

Gülden

Am liebsten hätte ich eine lila Schultasche mit Glitzersternen. So einen Rucksack will ich nicht, weil da immer die Ecken von den großen Heften umknicken.

1 **Welcher Meinung bist du? Kreise ein, was für dich passt.**

Die Schultasche soll

leicht sein.

von einer coolen Marke sein.

genügend Platz für
Schulbücher und Hefte haben.

nicht so teuer sein.

man auf dem Rücken tragen können,
weil das körperfreundlich ist.

2 **Was für eine neue Schultasche hättest du gerne?**
Begründe deine Meinung.

Ich hätte gerne ______________________________

______________________________,

weil ______________________________

____

Eine eigene Meinung bilden

1 Kannst du die Fragen zu den Meinungen auf Seite 74 beantworten?

Welche Kinder möchten eine coole Schultasche?

Warum will Gülden keinen Schulrucksack?

In der neuen Schule gibt es viele Treppen. Welche Schultasche ist dafür nicht so gut geeignet und warum nicht?

Was meinst du? Warum ist es vielen Viertklässlern wichtig, für die neue Schule eine neue Schultasche zu bekommen?

2 Kannst du dich in Frieda und Alex hineinversetzen? Verbinde die Gedanken mit den Kindern.

Frieda und Alex machen sich Gedanken, weil sie nach der vierten Klasse in eine neue Schule kommen. Frieda freut sich schon. Alex ist ein bisschen ängstlich.

Bestimmt gibt es viele nette Mitschüler.

Ich muss dann mit dem Bus zur Schule und zurückfahren. Ich bin mir nicht sicher, ob ich in den richtigen Bus steige.

Hoffentlich komme ich mit den neuen Mitschülern klar.

Es gibt viele neue Fächer, das wird interessant!

Ich bin gespannt auf meine neuen Lehrer.

Ich weiß nicht, ob ich mein Klassenzimmer finde, weil die neue Schule so groß ist.

3 **Welche Gedanken gehen dir durch den Kopf, wenn du an das nächste Schuljahr denkst?**

4 **Welche Piktogramme gibt es in Schulhäusern oder könnte es dort geben? Kreise sie ein.**

5 Kannst du das Rätsel lösen?

Schreibe die Namen zu den Kindern und fülle die Tabelle.

Ein Kind ist elf Jahre alt. Sein Lieblingsfach ist Sport.
Das Lieblingsfach eines anderen Kindes ist Mathematik.
Lea wohnt in der Finkenstraße. Sie ist zwei Jahre älter als Mehmet.
Ein Kind wohnt in der Krokusstraße. Sein Lieblingsfach ist Englisch.
Das Kind aus der Schillerstraße mag am liebsten Kunst.
Carla wohnt in der Steinstraße. Sie ist elf Jahre alt und steht neben Mehmet.
Der Junge ganz rechts heißt Tim.
Mehmet wohnt nicht in der Schillerstraße und nicht in der Steinstraße. Er ist ein Jahr jünger als Carla und so alt wie Tim.

______ ______ ______ ______

Name				
Alter				
Straße				
Lieblingsfach				

Eine eigene Meinung bilden

1 **Was spricht für und was gegen Schulkleidung? Lies die Begründungen und bewerte sie mit**

(+) gute Begründung

(++) Begründung überzeugt mich am meisten

(–) nicht so gute Begründung

(– –) Begründung überzeugt mich am wenigsten

☐ Mit der Schulkleidung sehen alle Kinder gleich aus.

☐ Wenn alle die gleiche Kleidung tragen, wird ein Kind nicht zum Außenseiter, weil es keine Markenkleidung trägt.

☐ Es ist nicht gut, wenn man sich mehr mit der Kleidermode beschäftigt als mit dem Lernen.

☐ Man muss Schulkleidung doppelt oder dreifach kaufen, weil man sie nicht täglich waschen kann. Das ist teuer.

☐ Durch unterschiedliche Kleidung wird deutlich, dass jedes Kind eine eigene Persönlichkeit hat.

☐ Ohne Schulkleidung kann man selbst entscheiden, was man anziehen möchte.

☐ Ohne Schulkleidung kann man selbst bestimmen, wie viel Geld man für die Kleidung ausgeben möchte.

2 **Welche Meinung hast du zur Schulkleidung? Schreibe sie mit Begründung auf.**

____

____

1 Vorwissen nutzen

1 **Der nächste Text hat die Überschrift „Gefangen auf dem Campingplatz“. Was weißt du schon über Campingplätze?**

2 **Um was könnte es in dem Text „Gefangen auf dem Campingplatz“ gehen?**

3 **Beantworte diese Frage, nachdem du den Text gelesen hast: Ist der Text geeignet, um Wissen über Campingplätze zu bekommen? Begründe.**

☐ Ja, ☐ Nein,

weil

Gefangen auf dem Campingplatz

Tina und Lars machen in den Sommerferien mit ihren Eltern Urlaub auf einem Campingplatz am Meer. Die beiden sind am Strand des Campingplatzes bei dem tollen Spielplatz mit Klettergerüst, Schaukeln und Piratenschiff und spielen mit den anderen Kindern Fangen. Mit lautem Geschrei läuft Tina Lars hinterher. Kurz bevor sie ihn hat, entwischt er ihr, indem er auf den Sandboden hechtet und durch den Spalt unter der Holzwand des Klettergerüstes robbt. Doch plötzlich geht es nicht mehr weiter. Tina lacht und schlägt ihn ab. Sie ruft: „Du bist es! Komm raus!“ Aber Lars steckt fest, da hilft es auch nicht, dass er hin- und herruckelt, um freizukommen. Lars schreit panisch: „Los, hol Mama und Papa von unserem Platz! Beeil dich!“ Inzwischen haben die anderen Kinder bemerkt, was passiert ist. Sie gehen zu Lars und versuchen, ihn an den Beinen herauszuziehen, doch Lars brüllt: „Au, au, das tut weh! Hört auf!“ Alle stecken die Köpfe zusammen und überlegen, wie es weitergehen könnte. Ein Vater meint: „Ich hole den Hausmeister, er hat eine Säge.“ Darauf heult Lars verzweifelt: „Keine Säge! Ich will nicht auseinandergesägt werden.“ Eine Mutter schlägt vor: „Ich habe hier Sonnencreme. Mit der schmieren wir ihn ein, dann wird er schön glitschig und wir können ihn herausziehen.“ Das funktioniert aber auch nicht, weil zwischen Lars' Rücken und der Holzwand kein Millimeter Platz ist. Inzwischen ist Tina mit ihren Eltern zurück, die das Ganze sehr lustig finden und schon die rettende Idee haben. Sie bitten alle Kinder auf dem Spielplatz: „Kinder, seid so lieb und holt eure Sandschaufeln. Dann buddelt unter Lars den Sand weg, sodass nach oben Platz entsteht.“ Eifrig machen sich alle Kinder ans Werk und Lars beruhigt sich langsam wieder. Nach kurzer Zeit ist er befreit und kriecht unter der Holzwand hervor. Erleichtert wirft er sich seinen Eltern in die Arme und kann jetzt selbst über sein Missgeschick lachen. Zur Belohnung für die Hilfe bekommt jedes Kind am Strandkiosk ein Eis spendiert.

1 **Wie hätte Lars sonst noch befreit werden können? Hast du eine Idee?**

2 Gezielt lesen

1 Findest du die richtigen Textstellen? Nimm für jede W-Frage eine andere Farbe und unterstreiche die Antwort im Text.

1. Wer ist im Urlaub?
2. Wann ist die Familie im Urlaub?
3. Wo verbringen sie ihren Urlaub?
4. Was machen Tina und Lars auf dem Spielplatz?
5. Wie wird Lars befreit?
6. Warum bekommt jedes Kind ein Eis?

3 Handlungsschritte herausfinden

1 Kannst du die Geschichte in Abschnitte einteilen, die zu den Handlungsschritten am besten passen? Gib für den jeweiligen Abschnitt die Zeilen zu den Überschriften an.

Die rettende Idee → Zeilen ____________

Tina und Lars spielen Fangen → Zeilen ____________

Befreiungsversuche ohne Erfolg → Zeilen ____________

Lars steckt fest → Zeilen ____________

4 Stichwörter notieren

1 **Stell dir vor, du bist Lars oder Tina. Du erzählst das Erlebnis nach den Ferien deiner Klasse. Markiere im Text Stellen, die für deinen Vortrag wichtig sind.**

2 **Notiere dir zu den markierten Stellen Stichwörter als Merkhilfe neben dem Text auf Seite 82 und 83.**

5 Texte vergleichen

Camping mit Kindern

Der Kinderland-Campingplatz liegt wunderschön in Cavallino in Italien am Meer. Zum Campingplatz gehören ein Restaurant, ein Kids-Club und ein Abenteuerspielplatz. Es gibt außerdem Wickelstationen für Babys, Waschmaschinen und Familienbadezimmer. Der flach abfallende Sandstrand lädt zum Planschen und Sonnenbaden ein.

1 **Was haben die beiden Texte gemeinsam?**

- ☐ Es geht um Urlaub auf dem Campingplatz.
- ☐ Es werden spannende Geschichten erzählt.
- ☐ Auf dem Campingplatz gibt es einen Sandstrand und einen Spielplatz.
- ☐ Die Kinder können den Kids-Club besuchen.

6 Das passende Buch auswählen

Auf dem Campingplatz gibt es eine kleine Bücherei. Tina liest gern Abenteuergeschichten mit Tieren. Lars mag lustige Bücher.

1 Welche Bücher könnten ihnen gefallen? Trage L für Lars und T für Tina ein. Manchmal passen beide Buchstaben.

- ☐ Silke Haub: Spaß auf vier Pfoten
- ☐ Thomas Leister: Campingplätze in den Bergen
- ☐ Silvia Marini: Einmal Abenteuer gebucht
- ☐ Carina Seller: Unser Zelt kann fliegen
- ☐ Sören Sund: Fortuna das Glückspferd

2 Lies die Rückseitentexte. Welches Buch wird Tina ausleihen, welches Lars? Kennzeichne mit T und L.

- Spaß auf vier Pfoten: In diesem Buch wird erklärt, wie man Hunden Tricks beibringt ☐
- Campingplätze in den Bergen: Eine Beschreibung der Campingplätze in den Bergen Europas ☐
- Einmal Abenteuer gebucht: Eine Schulklasse fährt ins Schullandheim ☐
- Unser Zelt kann fliegen: Lustige Campinggeschichten für Kinder ☐
- Fortuna das Glückspferd: Nach aufregenden Abenteuern in der freien Wildbahn findet das kleine Fohlen zu seiner Herde zurück ☐

7 Zu einem Thema recherchieren

1 Fällt dir eine Frage zu Camping ein? Du kannst auch zu dieser Frage recherchieren:

Bedeutet Camping immer, in einem Zelt zu übernachten?

Meine Frage: ______________________________

____

Antwort: ______________________________

____

____

____

____

Dieses Sachbuch/diese Internetadressew habe ich verwendet:

____

8 Eine eigene Meinung bilden

1 Welcher Meinung bist du? Kreise alles ein, was für dich passt.

Im Sommer möchte ich im Urlaub

in ein Land weit weg von hier fliegen.

bei Oma und Opa sein.

auf einem Bauernhof sein.

am Strand im Sand spielen.

zu Hause sein und mit meinen Freunden spielen.

in den Bergen wandern.

2 Was würdest du gerne im Sommerurlaub machen? Begründe deine Meinung.

Ich würde gerne ______________________________

______________________________,

weil ______________________________

______________________________.